肌にふれることは本当の自分に気づくこと

魂のくもりをとるたった1つの習慣

今野華都子

青春出版社

ランプのホヤの内側を磨く私たちは光の入れ物。命の炎を燃やし続ける。
不完全燃焼だと煤《すす》が出る。その煤は内側をくもらせ、やがて内も外も見えなくなる。

外のくもりは、こすれあって落ちることもあるが、
内側のくもりは、自分が気づいて落とすほかはない。

ホヤを壊さないように、丁寧に、飽きずに毎日続けなければならない。
魂の光が内側から表に出るように。あなたがいるだけで輝いているように。

はじめに　顔は自分の内面を映す鏡

今の自分の顔には、自分が自分をどう育ててきたかが表れています。

たとえば、いつも顔をゴシゴシ洗っていませんか。

日々忙しく、一生懸命に頑張りすぎる人ほど顔を過酷に扱う傾向があるのですが、こうした毎日の洗顔が、顔に炎症を起こしたり、シミやしわをつくる原因になっています。


自分の顔をゆっくりと優しく丁寧に洗ってあげることによって、自分が大切な存在だと感じられてきます。

手に込める力の強さは、自分に向かう強さ。

手を通して内からあふれる自分の愛のエネルギーを受け取ると、とたんに顔が明るく輝きだします。

自分の中から「きれい」があふれ出てくる瞬間です。

「きれい」というのは、後で詳しく述べますが、身体と心と魂が3つセットで輝いている状態です。

よく「オーラがある人」と言うでしょう？　ただそこにいるだけで、内面から光（エネルギー）を放っているように生き生きと輝いている人。そんな人に、実は誰もがなれるのです。

自分のすべてが表れる顔の扱い方を変えると、今、目の前に起こることすべてが変わります。

なぜ、美容の世界にいる私が、このような考え方にいたったのか。

ここで少し自己紹介させてください。

私は一主婦から45歳の時にエステの道に飛び込み、2004年の第1回LPGインターナショナルコンテスト（フェイシャル部門）で日本最優秀賞、次いでフランスでの3か月の審査の後、世界110か国中、第1位となる最優秀グランプリをいただきました。

それからもエステティシャンとして、たくさんの方の顔をきれいにするお手伝いをしてきましたが、やがて外面にいくら働きかけても、内面の問題から本当のきれいは引き出せないことに気づいたのです。

そこでエステサロンの経営やリゾートホテルの社長業の傍ら、ライフワークとして全国各地、海外（アメリカ、台湾）を飛び回ってお伝えしてきたのが、本書の内容のベースとなった「洗顔洗心塾」です。

「洗顔洗心塾」とは、もともと「顔を洗うことは心を洗うことにつながる」洗顔を通した自分育て塾で、おかげさまで、約20年間でのべ21万人が受講する人気講座となりました。

年々たくさんの気づきを経て、洗顔に関する私の考え方も深化し、最近は心や身体に加えて、目に見えない世界や魂のお話をするようになりました。何かが心の琴線にふれたのか、涙を流す人も少なくありません。それは、おそらくその人の心の一番奥にある「本当の自分」が求めているものに出会った瞬間ではないでしょうか。

本書では、魂のくもりをとり、あなたの本来の輝きを取り戻す小さな習慣をご紹介します。

日常の小さな習慣を少し変えていくと、ある時、大きな変化が表れているのに気づくはずです。

今野華都子

目次

洗顔＝洗心。
心を洗って本当の自分に目覚める

肌の愛し方、育て方
自分の愛し方、育て方

心と魂のくもりをとる小さな習慣

自分本来の輝きを取り戻す生き方

カバーイラスト　押金美和
本文イラスト　富永三紗子
本文デザイン・ＤＴＰ　岡崎理恵

洗顔＝洗心。
心を洗って本当の自分に目覚める

01

いつもの洗顔が、自分を大切に扱う習慣に変わります

多くの方が、洗顔というのは汚れを落とすだけの行為だと思っています。

洗顔とは、つけた汚れや知らずについた穢《けが》れを落として五感を研ぎ澄まし、肉体と魂との融合を体感する方法です。

自分を丁寧にいたわり洗うとは、自分を愛し大切に扱う癖をつけることです。

五感のすべてが集中する顔をさわるとは、手を通して内からあふれる自分の愛のエネルギーを受け取る行為なのです。

もちろん、このエネルギーを感じ受け取るには、自分をさわるほんの少しの技術が必要です。

道具としての手と、愛のエネルギー放出としての顔の関係には、皮膚細胞同士の感

覚の交流があり、そこには皮膚生理学理論と同じレベルでミクロンまで感じる高い感性が働きます。

洗顔という汚れを落とすレベルから、顔を洗う円運動で優しく、ゆっくり息を整えて自分の愛にアプローチしていくと、魂、心、身体が三位一体《さんみいったい》となって融合し、自分が求めていた美しさを得ることができます。

自分は宇宙に遍満する愛というエネルギーの一部が具現化した存在だと知る瞬間がきます。

それに気づいた時から、さらなる愛の増幅が始まります。

あなたから発せられた愛のエネルギーが、さらなる大きな愛のエネルギーを生み出す喜びを体験するために生まれてきたのです。

あなた自身が宇宙の愛の中心になることに気づいていくのです。

やっと巡りあえた意識と肉体の合体！

自分の存在が愛である実感が身体中にあふれ、魂の震えが止まらない瞬間を味わうはずです。

人の深い部分からの湧き出てくる生き生きとした美しさとは、人が想像する範囲をはるかに超えるのです。

あなたは、もはや存在そのものが美しいのです。

唯一無二の絶対の美しさを得るのです。

02

肌に優しくふれるだけで、心が愛で満たされ輝きだします

会社経営をされているYさんが、初めて洗顔洗心塾に来られた時のことです。きっと忙しくされてきたことでしょう。最初の頃のお肌の悩みは、少し汗をかくと肌がピリピリすること。いつも乾燥しがちで、Tゾーンはツルツルテカっているのに、Uゾーンはカサカサしていること。上気したように赤ら顔でトラブル肌でした。

最初は顔の洗い方を変えるだけで本当に肌が変わるかと半信半疑でした。

でも、毎月お会いするたび、きれいになってくるのが分かりました。それに一緒に受講したお二人も、くすんでいた肌が美白でもしたように透き通って透明感のある肌に変化していきました。

誰かと一緒だとお互いで確認できるのがいいですね。どうしても自分に対しては採

点が厳しいのですが、他人に認めてもらうとすごく安心するし、嬉しいのです。

1年経った今、Yさんは肌がしっとりして乾燥しなくなり、アレルギーも出なくなったと報告してくださいました。

そして肌年齢を測る機会があった時、「マイナス10歳肌です」と言われたそうです！

いつも最初の頃の写真を今と比べて嬉しそうに見せてくださるのです。

こういう報告が本当に嬉しいのです。


心と体はつながっています。心はコロコロ変わっていくけれど、変わらない魂の光を感じると、心の中に絶対安心の境地が生まれ、命を丸ごと見る視野が育まれます。

穏やかでストレスのない心に戻せると、身体をコントロールするホルモンバランスが整います。


自分を優しくさわってあげると、心が愛を受け取り、愛で満たされます。それがあふれだし、命が丸ごと輝きだします。

03

顔が変わると心が変わる　心が変わると人生が変わる

顔を優しくきれいにする習慣が心を変える。そして人生を変える――。

10年ほど前のことです。私の洗顔教室に、あるエステティシャンの女性が会いに来ました。

第一印象が強烈で、〝悪《ワル》オーラ〟が全開。体育座りをしてタバコを吸いながら不平不満ばかり言います。

口はずっとへの字。もともとの顔立ちは良いのに、態度が悪い。嫌な顔で嫌なことを言って、周りの人たちを嫌な気分にさせていることが分からない様子です。

そこで、私は聞いてみました。

「笑顔ができないの？」

「どこが悪いんですかね。誰に迷惑をかけるわけじゃないのに」

彼女がそう答えた時、私は言いました。

「自分を傷つけるのはよしなさい」


今までそんなことを言われたことがなかったのでしょう。彼女は驚いた様子でした。

でも、私の厳しい言葉に反発することなく、なぜか興味を持たれたようで、不思議なご縁で、この時集まった皆さんと一緒にマチュピチュに行くことになったのです。

旅行中、私と一緒にいて、「所作《しょさ》がきれいって、こういうことなんだ」と思ったそうです。ただ、私に言われて笑顔になろうとしても、急に笑顔はできないものです。それまで何十年も〝への字顔〟をしてきたのですから。

当時はまだまだ〝小悪魔〟が入っていて、すぐワルなことを言うので、

「ほら、悪魔のしっぽ、出てるよ」

「あ、見られちゃった♡」

なんて会話をしたものです。

それからの彼女は、少しずつ少しずつ変わってきました。

人に優しくなり、笑顔が増え、表情が明るくなりました。どんどん顔もきれいにな
り、10年前と比べると、まるで別人です。

ある時、私に相談に来ました。「それまで結婚なんてどうでもいいと思っていたけ
れど、結婚したい」と。結婚と妊娠の順序が逆になってしまい、先にお腹が大きくなっ
た。両親にあれこれ言われるかと思うと怖いと言います。

でも、勇気を出してそのまま正直に話したそうです。

すると、お父さんは厳しい人でしたが、「一人で育てる覚悟があるなら産みなさい」
と言ってくれたそうです。彼女の変化をご両親も気づいていて、うわついた気持ちで
決めたことじゃないと感じてくれたから。お母さんは彼女を全面サポートしてくれて、

その後、お腹の子のパパと結婚して幸せに暮らしています。

今や彼女の顔は「観音様」みたいになっています（笑）。

ずっとへの字だった昔の顔は、もう思い出せないそうです。

04

顔を洗う所作に美しさが表れます

その女性は会うたびに、どんどん透き通ったようにきれいな肌になっていました。

ある朝、洗面所で一緒になりました。

彼女がお顔を洗いはじめると、水道の蛇口から適量の水を出す音を聞いた瞬間から、見なくても彼女がお顔をどんなふうに洗うか想像ができました。

手を丁寧に洗い、優しく顔を濡らし、泡立てを始めた……。強くもなく、弱くもない力の入れ加減が泡立てネットを通して聞こえる……。

もっちりとキメの整った泡の様子も想像できます。

私は目をつぶっていたので彼女の一連の所作は見ていません。でも呼吸を整え、泡を潰《つぶ》す音もせず、ゆっくり、優しく、丁寧に洗っているのが分かりました。

そばでお顔をすすぐ音……。

小さな洗面所では周りにしぶきが飛ぶ激しい人は、鏡や床までビショビショにします。彼女は優しく肌に水を滑らせながら丁寧にすすぎあげました。

そして少し跳ねた水滴を丁寧に拭き取って、その場を離れたのです。

最初に会った頃の暗くくすんだ彼女とは別人のように、すべてに光が差したように、きれいになって落ち着き、優しくなっていました。


「顔を洗うこと、心を洗うこと」

この世を生きていく心構えが美しい所作となって表れる。


また、心とお肌と所作の美しい人ができ上がる様が嬉しいです。

05

洗顔は自分の心を癒し、磨く入り口です

皮膚は私たちを守っている最大の器官です。

身体はたった2ミリの厚さの袋に入っています。

この皮膚は人にとって広さと重さで見ると最大の器官なのです。

皮膚の総面積は成人だと1・5～2平方メートル、肝臓の3倍の重さがあり、体重の約16％を占めています。

人の最大の器官と言われているのが皮膚です。

そして身体の一番外側で汚染物質の泥、菌、油、薬品、ありとあらゆるものから守ってくれているのが皮膚です。

皮膚は身体を必死で守る外壁です。異物の侵入の阻止や、吸収、排泄《はいせつ》、体温調節など複雑な生理作用を行っています。

そんなふうに思ったことはありますか？

この皮膚はどのように生まれるかというと、赤ちゃんとなる受精卵は、お母さんのお腹の中で細胞分裂を繰り返しながら成長します。

そして3週目には胚葉《はいよう》と呼ばれるものに分裂します。

受精卵が細胞分裂する時、内側から内胚葉《はいよう》、中胚葉、外胚葉という3層の細胞層に分かれ、ここからさまざまな器官が作られるのです。

外胚葉から表皮、脳神経組織、中枢神経（脊髄《せきずい》など）や末梢神経、感覚器（目や耳、鼻や表皮など）、髪、爪ができます。

脳と皮膚の誕生は同じ胚葉ということが分かりますね。

よって、皮膚（表皮）と脳は同じ根源です。

これを「**脳皮同根**《のうひどうこん》」と言います。

顔は自分の脳の入れ物なのです。

感覚器である目、耳、鼻、口、皮膚が集中しているのが顔です。


美肌を育てるとは、脳をリラックスしたよい状態に保つことでもあります。

お風呂に入って身体をのびのびリラックスさせることや、ダイレクトに脳に情報を与える**洗顔という何気ない行為から伝わる情報は、脳や臓器をいたわるためにも必要な「お手当て」でもある**のです。


スキンケアを行う時、肌にふれますよね。

これは、直接ふれることができない脳の代わりに肌にふれることで、心地よさやリラックスを与えることになるのです。

精神や脳を心地よくさわってあげていますか？

いつも家族、会社、友人ために時間を使い、自分を後回しにしていませんか。忙しさのあまりいらだち、自分には優しく接していないことがあります。

誰かに与えている優しさを自分にも味わわせてくださいね。


肌は毎日毎日、内側で作られ、一番外側の角質をつくります。

美肌育ては難しくありません。

肌を通して、優しく自分に接していきます。

手の形、当て方、強さを確認します。

赤ちゃんにはどうさわりますか？

他人には優しいのに、自分だと無意識のうちに頑張らせる癖がついているのです。

優しくさわっただけで、みるみる輪郭もキメも色も変化します。

うっそ〜〜！

全員やってみて、全員で前に立ち、確認しました。自分でお家《うち》でできるように、キメの整った泡立ての仕方を間近で見て、手を使って洗顔の仕方を確認しました。

私たちの皮膚は約28日周期で生まれ変わっています。

年齢が高い方でも、３か月もすれば新しい皮膚に生まれ変わるのです。

スキンケアの基本は、何をつけるかよりも、最初は汚れを落とすこと、汚れを落とす時に肌を薄くしないことです。

肌を育てながら、その上で必要な潤い分を補ったり、潤い分が逃げないように工夫することなのです。

06

肌にふれることで心を整えることができます

人の感覚器で一番先に発達するのはどこだと思いますか？

手や肌でさわる時の「蝕感」です。

前に述べたように、受精後3週になると内、中、外胚葉ができます。

内胚葉は消化器官、内臓、胃腸、肺、心臓などを、

中胚葉は血管、リンパ管、骨・筋肉などを、

そして、外胚葉は表皮、脳神経組織、中枢神経、末梢神経、感覚器、髪、爪などを形成します。

よって、皮膚（表皮）と脳は同じ根源です。これを脳皮同根と言います。

妊娠7週（49日）で皮膚の感覚器は発達しています。

ちなみに、胎児と呼ばれるのは妊娠8週からです。

10週ぐらいの胎児は子宮の中で指しゃぶりなどを始めます。皮膚からの感覚はダイレクトに脳に伝わります。

自分の体をさわって認識していきます。

体をさわる順番があります。まず口と口の周り、頭からだんだん下へ下がっていきます。そして最後に足をさわり、自分が自分の身体を認識していくのです。


特にお顔は神経が集中しています。

たとえば、ほめられたり、照れたりすると顔が赤くなったり、失敗して一瞬、血の気が引いて顔面蒼白になったりします。

このように脳への刺激が直接肌に表れてきます。

ストレスが原因で肌あれ、ニキビに悩まされる方もいます。脳で受けた刺激で自律神経の動きが弱くなり、血の巡りが悪くなった結果が肌あれにつながります。

その逆もまた成り立ちます。

今まで無造作にさわっていた自分の肌を優しくさわることで、その逆に肌を優しくふれる・なでることで皮膚が心地よい刺激を感じ、それが身体を癒すだけでなく脳ホルモンや自律神経のバランスを整えるとも言われています。

輝く肌を手に入れる第一歩は、どんなふうに自分をさわるかを知ることから始まるのです。

07

心を洗うこと 自分をクリアな存在にすること

さわる感覚は、すべての感覚の母と言われています。

その中でも手の皮膚は1ミクロンのへこみでも感知します。1ミクロンとは1000ミリ分の1です。

そして手のひらは、さわった物のゴツゴツしたかたさ・優しいやわらかさ、物の表面のゴワゴワした粗さ・つるんとした滑らかさ、どっしりした重さ、物のもつ温かさ、冷たい温度なども瞬時に判断します。

ある有名な時計会社では、高級時計パーツを組み立てるのに、最後の調整は人間の感覚に頼っています。こんな精巧な道具はほかにないのです。

胎児はさわって自分の身体を認識します。まだ全体像が見えない胎児の時のように自分自身を感じてみましょう。
温かい羊水にふわふわと浮かび、まだ、筋肉もついていないような腕、その先端の手のひらで、やわらかなほっぺをさわってみましょう。
その行為は、見えない世界からこの世にやってきて、見える身体を持った自身を愛する記憶になります。

顔を洗うことは、あらゆる感覚器を総動員して、自分をクリアな存在にすることです。

顔は脳を入れる袋の正面にあり、
目、耳、鼻、舌、皮膚で、
見る、聞く、嗅ぐ、味わう、感じて、
外界の情報をダイレクトに脳に伝えています。

つまり、

皮膚をさわることは脳をさわること
になります。

私たちは生きている限り、いろいろ体験をさせられます。見たいものだけが見え、聞きたいことだけが聞こえるわけでもありません。

否が応でも見たくないものも見させられる、聞こえなくてもいいものも聞かされ、匂いを嗅がせられ、味わわせられることもあります。

そのたびに喜び、悲しみ、嬉しがり、苦しみ、恐怖、不安、などが様々に入り交じり、心も傷つき、やがて時間と共に回復しながら、自分の体験というものを積み重ねて魂の皮を脱いでいきます。

顔を洗うこと、心を洗うこと、本来の自分につながること。

よく世間では苦労をすると「あの人もひと皮剥《む》けた」などと言います。

その中できれいでいたい、輝いて生きていきたい。魂のあるがままで生きていきたいと願い、願われています。

愛したい、愛されたい、幸せになりたいと道を探ります。
どうぞ、自身の肌を優しくさわってください。
汚れがついていたら、ゆっくり優しく洗い流してください。
脳に五感で感じていた、この世で最初の自分への愛の記憶を思い出してください。

誰かに愛されたい
誰かに認められたい

誰かを愛したい
誰かの役に立ちたい
誰かに望んでいること、自分に最初にしてあげてください。
花は、自然に咲いているだけで美しい。

人も同じ。目（芽）を閉じて、ただ光だけを感じてください。あ・か・る・い方向に向かってください。そこで生きているだけで美しいのです。

あ：愛、天、命
か：見えない深淵《しんえん》な力
る：丸く留《とど》まる
い：光

鼻（花）は中央にあり、
臭いは匂いを示し、
耳は実々、頬は穂々、
形は違えど音（使命）は同じ。
あ！　軽い（あ・か・る・い）ほうへ、
人は動く光の花。

08

肌の乾き＝心の渇き。自分らしく生きたいという魂からの叫び

愛を生み出す道具の一つとして、私たちは手を持っています。

すべてを生み出す道具である手ですが、この手で愛《いと》おしむことも厳しく叩くこともできます。心の中の見えない思いを告げる文字を書き、ハグをして抱きしめるのも、あなたの手です。

自分の心も魂も自分のものでありながら、自身がコントロールできない心と、動かない本質が魂です。

顔という五感のすべてがあるところをどんなふうにさわるのかで、心が受け取る感覚が全く違います。

他人には優しさや、愛を求めているのに、自分を愛おしむことを忘れ、他人にほめ

られたいと頑張りすぎて、心の潤いを忘れていませんか？

忙しいは心を亡《な》くすと書きますが、心の渇きは肌の乾きと直結しています。

いつも他人の目を意識している頑張り屋さんは、頑張っていることがすべての言い訳になります。

あなたが生きて来た証《あかし》が顔にあります。

顔という自分を代表するものをどのように扱うか。自分につけた癖は無意識に他人にしていることです。

たとえば自分をぞんざいに扱っている人は、他人に対しても、自分の人生すらぞんざいにしているかもしれません。

目的と目標を取り違え、目指している最終形を見失ったりします。

目的をはっきりさせる時は、「何のために」と問いかけましょう。

何のためにきれいになりたいのですか？

――きれいになって自分に自信を持ちたい。

何のために？

——公私共に仕事もこなし、愛する人に恵まれ、幸せになりたいから。

何のために？

——それを自分が望み、親が望み、祖先が私に望んだことだから、宇宙に望まれたことだから。

いつまでにそれをするの？
いつ：今世、一生涯
どこで：今、ここ
だれが：私が
何を：目の前の仕事で
どうする：愛を持って自分らしくやり遂げ
何のために：自分とみんなが幸せになる

この世に来た最初、赤ちゃんだった時は、誰もそのままで美しく輝いていた……。

そして日々更新され続け、あなたらしさをつくってきた。

自分に与えられた自分らしさを忘れてしまった人や生き辛さを感じている人は、周りに合わせすぎて、魂の叫びを閉じ込めてしまった人かもしれません。

心の渇きは自分らしく生きたいという魂からの叫びなのです。

心のゴワつきが治り、あるがままの自分の命をまるごと感じ取れると、赤ちゃんを抱いたような愛おしさにあふれ、**玉《ぎょく》である自分に気づくと、感謝の思いが四方八方からなだれ込み、もはや、自分などという言葉がいらなくなるほど、すべてと融合していく感覚になります。**

そして、改めて自分の使命に気づくのです。

あなたは光にたとえられる愛そのものなのです！

宇宙の摂理に沿ったものは、存在そのものが美しい。

洗顔洗心塾では顔の代わりに手を洗い、顔を洗う速さ、強さを実感します。

それだけでも気づきを得る人がたくさんいます。

09

顔を浄めて心を浄める
――洗顔道は人間道

初めてお客様に「洗顔」を教えてから20年近くになります。毎日が〝洗顔道〟の実践の日々でした。

人が求めている「美しさ」とは何かと聞かれたなら、「生きとし生けるものの命の輝き」であると答えます。

命とは何かと問われたら「肉体と心と魂」と答えます。

肉体を通して見えない心と魂にアプローチし、完全一体のものとする。その方法の一つが洗顔道です。
もう少し簡単に言うと、すべての感覚を使って、
自分の本質（魂）を実感すること。
自分の本質（魂）は光であることに気づくこと。
美しさとは、その光が肉体を通して表現されていること。
幸せとは愛（優しさ）の実践で、お互いが喜びあうこと。
その実行体である心を清らかに整えておくこと。

顔には目・耳・舌・鼻・皮膚の五つの感覚器官がついて脳に直結しています。

視覚・聴覚・味覚・嗅覚・触覚として心を動かします。

顔をきれいにする、清らかにするという行為を繰り返し行うことによって、自分を不幸にしたり、いらだたせたりして心を振り回している感情や、自分の求めている幸せの形が明確になってきます。

すべての感覚を使って、肉体が感じる雑多な感情をそぎ落として、あるゾーンへ導くことができます。

たとえば、ちょうどいい湯加減のお風呂に入る時は、いろんな感情を捨てて湯船に浸《つ》かりながら、ああ気持ちいい～。幸せだなぁ、と思えるでしょう。

人の感情の複雑さに傷ついたり、傷つけたり、気温の暑さや寒さにストレスを感じていたものを解放して、湯船に身を任せ、優しいもの、温かいものに身を包まれて、心と体を伸び伸びと解放する瞬間を繰り返し味わうことによって、お風呂に入ることイコール幸せの感覚を手に入れることができます。

毎日の洗顔もこれに似ています。

繰り返し自分の本質（魂）が光や愛であると実感するプロセスが大切なのです。

外から与えられたものは、環境が変わるとなくなってしまいます。

すると、今まで幸せだったものが不幸に変わったりします。

でも、体験で得たもの、長いプロセスを経て得たものは自分の中にしっかりと根付きます。環境によって簡単に揺るぎません。

だから、自分の本質の光を感じるプロセスを繰り返し踏むことが「道《どう》」を歩むことなのです。

自分は一体何のために生まれてきたのか、の意味を知りたい。

どう生きればいいのかを知りたい。

自分に役目があるなら実行したい。

できれば幸せになりたいという、いくつかの本質的な欲望をもっています。

洗顔道を歩んで繰り返し学ぶのは、技術ではなく、技術を通して、その裏にある「精神」、自然から学べる静かな心や精神状態、人間関係をスムーズに深くしていく心だと思います。

その心の気づきの一つ一つが、自分を優しく導いてくれます。

ですから、こうならなければならないなどという最終目標はありません。
悲しみ、苦しみは、反対側にある嬉しいことや幸せに気づくための経験であり、
誰かになる必要はなく、
誰かの美しさを真似ることではなく、
繰り返し自分の魂の光を浴びるプロセスが大切なのです。
そして心を整える「人間道」という道に足跡を記していくのです。

実践者の体験手記❶

私に「ありがとう」を言えるようになりました

今、私は毎日、自分に「ありがとう」、周りの方々に「ありがとう」、仕事や様々な事柄に「ありがとう」を言える日々を送らせていただいています。

少し疲れた時、自分の手のひらで頰をそっと包み込むと、「頑張っているね。ありがとう」と伝わってきます。自分の手のひらに伝わる肌の温《ぬく》もり、やわらかさが自分の心を癒してくれます。

以前の私は、自分の手のひらで頰を包み込むことなど思いもよりませんでした。

今思うと、肌はいつもカサカサし、シミやくすみを隠そうとしてファンデーションを厚く塗り、夕方になると鏡に映る自分を「嫌な表情のおばさん……」と思っていました。周囲との方々との軋轢《あつれき》も絶えず、毎日の頭痛と肩凝りが当たり前となっており、鎮痛剤を毎朝服用する日々でした。

そのような時に職場の同僚が今野先生のセミナーに誘ってくださり、自分でもびっくりするほどすぐに「行きます！」と答え、伊勢の道場での断食セミナーに参加させていただきました。三日目の朝の明けの食事を終えた後、写真を撮っていただきました。自分の笑顔に驚きました。凝り固まった日々に光が差したように思いました。

その後、思い切って今野先生の施術を申込みさせていただきました。今野先生が私の肌にふれてくださった瞬間、私の心の中に光が差しました。先生に「頑張ったね」と言っていただき、肩に入っていた力が抜けました。

その後、私は先生のお導きのもと、肌をいたわり、自分をいたわり、先生にその過程を見ていただき、励ましをいただいてきました。先生から「きれいになりましょう！」とご指導をいただいてから、約1年半が経過しました。今では、周囲からも、明るくなったね、表情が変わったね、と言っていただける私となりました。日々、自分の受け持ちの場をよくすることができますようにと祈りつつ、仕事もさせていただいています。

来年、還暦を迎えます。今までの人生、いろいろなことがありましたが、今野先生のお導きをいただけたことを深く感謝しております。

人はいくつになっても自分で変わることができると実感しております。

肌が変わると心が変わります。心が変わると見える風景が変わります。

今野先生、ありがとうございました。

（細見愛子さん）

肌の愛し方、育て方
自分の愛し方、育て方

10

自分を愛するとは、こんな小さな実践の積み重ね

「若いうちに不幸なことに出会うことは、人生最大のギフト」と気づくのは、ずっと後からです。

今は洗濯機の渦の中にいながら過酷な条件と戦っているかもしれません。洗濯機の渦の中で翻弄されている自分を取り出して、優しく太陽の光を当ててあげられるのも自分です。

ある方からの感想です。

「何冊も本を読み、講習を聞きセミナーを受けても、〝自分を愛し育てる〟と言葉では聞きますが、よく分かりませんでした。

でも、顔に優しくさわっていただいた瞬間に、すべてが分かりました。

毎日の行動を少し丁寧にすること

優しい言葉遣いをすること

自分に微笑んであげること

私は自分を大切にするとは、そんな日常の積み重ねなのだと初めて気づきました。自分がしていないことをほかの誰かがしてくれないかと思い、ほかの人に求め続けていたのでした。

身体を持つものは嫌なこと、辛いこと、痛かったこと、ありとあらゆる感情を味わうようにできている。そう思う自分がダメなのではなく、固執せずに手放していいのだということも分かりました。

今野先生の言葉のひとつひとつが自分を溶かしてくれました。話を聞いてとても楽になりました」

最後に笑顔で感想を述べてくれた彼女は16歳でもう働いています。

11

美肌を育てることから、あなた本来の魅力が花開きます

赤ら顔——本人でなければ分からない悩みがたくさんあります。

気温が高い、低い、どちらにもすごく敏感です。

特に寒いところから暑い部屋に入ったりすると、ほてって、ほっぺが燃えるように熱くなり、いつまでも赤みが引きません。

人前に出てドキドキしたりしても同じです。顔が真っ赤になったままです。


とある洗顔洗心塾で、この赤ら顔のことを相談されました。

お年頃になり、赤いほっぺが気になるようになりました。

どうして自分だけがこんなに赤いのだろう。悩んだ結果、効果があると聞けば、ひ

そかにマッサージをやったり、高い美容液を試したり、クリームなどを塗ってみましたが、一向によくなる気配はありません。

いつも濃いファンデーションでほっぺの赤みを隠さなければ、落ち着いていられません。気になりはじめると、近所にゴミ出しに行くにも素顔では行けません。

友達と温泉に入っても決して人前では顔は洗いません。それどころか、赤ら顔の素顔を見られたくなくて化粧をしたまま寝ました。

どうにかしたいと思って某有名化粧品メーカーの販売員になりました。

これはよいという製品を、言われた通りに使っても、ますますひどくなっていくような気がしました。

40代後半になり、赤ら顔はよくならないのかしら、とあきらめかけていた時、「洗顔洗心塾」の存在を知ったそうです。塾終了時に、どうしたらよくなるか質問を受けたことを覚えています。

肌を見せていただいたら、いろんなことをやりすぎて炎症を起こしていて、薄くなり、痛々しいお肌でした。ステロイド剤も使っていたようです。

でも、こう伝えました。

「人の皮膚は、毎日新しくなっているのです。3か月もしたら新しく生まれ変わるのです。自分を信じてやりましょうね」

と、お顔を洗う優しい力、水の温度、洗い方、保湿法などをお伝えしました。

やり始めの3か月は皮膚がボロボロとはがれることがあったそうです。何度もやめようと思った。でも、これしかない。

「教えてもらったことを信じて、優しく洗顔をし、肌を育てるしかない。これでダメならもうすることがない」と背水の思いだったそうです。

3か月目、やっと自分の本来の皮膚が見えてきたと言います。

かゆみかどんどんなくなり、赤い糸ミミズのように這っていた毛細血管が目立たなくなってきました。

自分を愛し、育てることは自分にしかできません。

肌を大切に扱うこと、自分を大切にすることの重要性をしみじみ感じました。

小さい頃、この赤ら顔のせいでいじめられたと思っていましたが、それも今思い出せば、そんなつもりではなかったのかもしれない、と思えるほどになったそうです。

今ではあれほど悩んで痛々しいお肌も、自信を持って見せることもできます。本来のかわいらしさ、素直さ、誠実さがお顔に表れ、笑顔が輝いています。

人生が丸ごと変わるとは、こんなことを言うのでしょう！

12

あなたの中には「元に戻ろうとする力」があります

人の役割とは何でしょう。

赤ちゃんとして生まれた時から死に至るまで、その役割は変わりません。どんな職業、性別、時代においてもです。

赤ちゃんはその存在だけで命の輝きを表し、人を和《なご》ませ、幸せな気持ちにしてくれます。

そして、私たちの生まれながらに持っている優しさや、清らかさや、愛に裏付けられた強さ、統合された命の輝きを思い出させてくれます。

そしてまだどんな才能があり、社会でどんな働きをするのかなど知らなくても、丸ごと認められています。
それも「かわいい～♡」を家族や他の人に連発されながら、です。
社会のためになるとか、力まなくても存在しているだけで十分に役割を果たしています。

その頃の自分を思い出してください。

私たちの細胞は、元の状態に戻ろうとする力があります。無理をしていると本来のところに戻れません。

疲れが残っていたり、眠れなかったりするのは、正常じゃないと思ってください。乾燥肌や皮脂の過剰分泌肌など、どこかのバランスが乱れて細胞が元に戻れません。心も肌も穏やかに整えて本来の働きを取り戻さなければなりません。

たとえば春になると、ホルモンバランスが乱れやすいから皮脂腺や汗腺の働きが活発になって、ニキビや吹き出物の原因になり、さらに花粉が多く飛んでアレルギーが出やすくなります。

でも、あら不思議。そっとふれるだけで肌は一瞬で変わります！

肌には本来、ダメージを受けても元に戻ろうとする「回復力」があります。

元に戻ろうとする力は、自分の中にあります!!

まず、自分をそっといたわることから始めます。

優しくさわっただけでも肌は一瞬にして変化します。

広がって下がっていた毛穴が引き締まり、キメが整い、肌がツヤツヤしてきます。

リフトアップしたように頬の位置が数センチ上がり、頬のタルミもほうれい線も目立たなくなります。

手先の不要な力を抜くことを覚えると身体がゆるみ、身体が元に戻ろうとします。

そして生まれたての赤ちゃんを洗うように、自分を愛しいたわりながら洗います。

顔を洗う時は手を丸く、優しくです。

「ふう〜〜っ」と力を抜いてくださいね。

小さかった頃の自分を洗うようにしてくださいね。


力を抜くことをいろいろな言葉で伝えてもなかなか伝わらない。でも、それを意識すると、すべてが軽くなり笑顔が輝きだします。

この笑顔がみんなを幸せにするのです。


顔の代わりに手でやってみると、その変化に驚きます！

身体の中では様々な変化が瞬時に起きます。

それを何度も繰り返し継続してやっていくことが大切です。

そして、自分の肌を育てる洗顔の仕方を身につけると、肌がどんどん変化してくるのを実感します。

13

外敵から守るため、頑張る自分の皮膚細胞をほめてあげましょう

私たちはもともと完全なるものです。

たった1個の受精卵が60兆個あると言われる細胞に分化して完璧な身体を形成します。

その一番外側にあって、私たちを外敵から最前線で守っているのは皮膚です。

次項でもふれるように、日焼け止めやファンデーションの化学物質は、皮膚にとってはやっかいな〝汚れ〟なのです。

こすりすぎたり、強く洗いすぎたり、過剰に保湿したりしても皮膚本来の働きを損ないます。

皮膚の洗い方を変えると、瞬時にフェイスライン、毛穴の大きさや向き、透明感、

すべてが変わってきます。
そのためにはキメの細かい泡をつくり、優しく、ゆっくり、丁寧に皮膚をいたわりながら洗ってあげましょう。

皮膚はこんな働きをしています。

❶皮膚の生まれ変わり（新陳代謝：ターンオーバー）と共に、毎分5万もの皮膚細胞が皮膚から垢《あか》となってはがれ落ちています。
❷はがれ落ちた皮膚細胞は至るところに存在し、世界規模で換算すると、大気中の約10億トンの塵《ちり》に相当すると言われています。
❸皮膚は、表皮、真皮《しんぴ》、および皮下組織の3つの層で形成されています。
❹皮膚は3つの異なる層、何億もの細胞から成り、そして信じられないほど複雑な再生プロセスを持つ巨大な器官なのです。また、機能としても人体のほかの部分を保護するために常に働いています。たとえば、体温を調節するために、暑い日には皮膚を通して最大11リットルの汗をかくことがあります。

❺皮膚には、痛みなどの接触に反応する、少なくとも5つの異なる種類の受容体があり、すべての種類の刺激が脳や脊椎に伝達されます。

❻プールやお風呂に長く入っていると、手足の指がシワシワになりますね。最近の研究によると、このシワシワになった手足の指は、水中で滑りにくくするための皮膚の機能だと言われています。

❼私たち人間の皮膚は、様々な環境に適応するのに役立つ機能を持っています。

この人間の皮膚に魅了されたのは、これを知っている人だけではありません。

Ａｍａｚｏｎの本のカテゴリーで「皮膚」を検索すると約７０００件ヒットします。Ｇｏｏｇｌｅでは、「皮膚」の単語で、毎月約５０００回検索されています。ウィキペディアの「皮膚」のページでは、原稿用紙20枚分にわたる説明と、25の文の引用があります。

皮膚は大きな動物から微生物まで大小様々な外敵から身を守るため、毎日進化し続け、働き続けています。今度、鏡の前に立ったら、働き続け、外敵から守ってくれているご自身の皮膚をほめてあげてくださいね。

14

「肌は排泄器官である」ことを忘れて入れようとすると無理が起きます

お肌は四六時中戦っています。

外部からの細菌やウイルス、化学物質などばかりを思い浮かべるでしょうが、化学物質で異物の最たるものは、いつもお肌にのっている化粧品かもしれません。

効果を期待するあまり、肌にとっての保護膜である皮脂膜を無理やり破り、化粧品を皮膚の中に浸透させています。

しかし、肌はバリアが破られると「異物が来た！」と解釈して、異物がそれ以上は深く浸透しないように、防御しようとします。メラニンを集め、その集合体で異物が侵入した部分を取り囲むのです。

メラニンの集合体が「シミ」です。嫌なシミですが、その原因の多くは、私たちの体を異物の侵入から守るために、皮膚が戦った痕跡なのです。

美肌を育てるにはどうしたらいいのでしょう。

肌の内部への栄養は体内の血液で届けられます。そのためには、バランスのとれた「食事」と栄養の吸収を促す良質な「睡眠」が重要です。

食事は、３大栄養素と言われている「たんぱく質」「糖質・脂質」「ビタミンやミネラル・食物繊維など」をバランスよく摂取することが大切。

バランスのよい食事をとることで、栄養素の働きが機能し、血液を伝って肌へと運ばれるようになります。また、睡眠は細胞分裂が活発に働く夜22時～深夜２時の間にとることがポイントです。


ゆっくりバスタブに浸かりながら、身体のストレスを水に放ち、こすりすぎない洗顔で汚れを落とし、必要な潤いを保ち、ターンオーバーを整え、健康肌を育てることです。

肌は内側から育つのです。

15

きれいになるための「間違った努力」をしていませんか

本来、私たちの肌は「自ら健康な肌の状態を保つしくみ」を持っています。子どもの肌は何もスキンケアをしなくても、みずみずしく潤っています。

ところが、高齢になると、皮脂の分泌量も少なくなり、角質の水分不足による乾燥と、ターンオーバーが遅くなることによってメラニン色素が沈着しやすくなりシミができやすくなります。

意識しないで顔を洗っていると、汚れとともに必要な皮脂膜まで取り除いてしまいがちです。さらなるバリア機能の低下を招き、乾燥の悪循環をつくってしまいます。

そこで、スキンケアで気をつけることは、きれいになるためにしている「❶洗顔、❷保湿、❸保護」で誤ってさらに乾燥させないようにすることです。

❶ 洗顔

目的は皮膚を清潔に保つことです。皮脂を落としすぎない洗い方を心がけましょう。

□こすりすぎていないか？　洗顔剤が強すぎないか？

せっかちで洗顔剤をよく泡立てていなかったり、ゴシゴシ洗顔して泡をつぶしてはいないでしょうか。

□洗いすぎていないか？

洗顔の時間が長かったり、回数が多すぎたりしないでしょうか。

□すすぎ残しをしていないか？

□熱いお湯で洗っていないか？

一般的なお風呂の温度では熱すぎます。約32℃がおすすめです。

❷ 保湿

保湿とは肌に水分を与えることだと思っていませんか？

実は、保湿とは「肌が自ら水分を保つ働き」を取り戻し、肌の水分量を健康な状態に戻してあげることです。

この水分を保つ働きをしているところは、肌の一番外側の表皮の角質にある「細胞間脂質」と「ＮＭＦ（天然保湿因子）」と「皮脂膜」です。

しっかりと水分を保持している角質層は、肌を外部の刺激（紫外線、汚れ、細菌、摩擦など）から守る働きをしています。

この働きを「肌のバリア機能」と言い、肌のバリア機能がちゃんと働いていることで、肌は健康で美しくいられるのです。

ひと月前に長野県から参加された女性は、乾燥してカサカサした皮膚がめくれ、おでこには赤く炎症さえ起こしてヒリヒリしていましたが、なんと！　たったひと月でこんなにもしっとりとしたお肌に生まれ変わるのか、と驚きの変化でした。

彼女の乾燥肌の問題はどこにあったのか、改めて確認しました。

野菜作り農家の主婦です。朝採り野菜として出荷するため午前2時くらいに起きる生活をしています。
・慢性的に睡眠不足の傾向にある。
↓肌のターンオーバーが遅くなっています。
・日中は直《じか》に太陽光線に当たりやすい。
↓紫外線によって肌がゴワつき、シミ、クスミになります。
・汗を拭き取るため、顔を何回もこすりやすい。
・力仕事をしているので、何をするのでも、つい力が入っているのを気がつかないでゴシゴシ洗ってしまう。
↓お肌を無造作に汚れた手でさわったり、強くこすったり、汗を大量にかくため何回も洗顔をしたり、お湯で洗ったりしていると、ピリピリしたり、乾燥肌、敏感肌になったりします。ターンオーバーの周期が早すぎるためです。

肌を無意識のうちにこすったり、洗顔をしすぎたりすると、肌のターンオーバーが早すぎるようになります。乾燥をはじめいろいろなトラブルを招きます。

「何を使ったらいいですか？」と聞かれ、「特にリッチなタイプを使わないで、**肌を休ませてあげてください**」と答えました。

病人にステーキを食べさせないのと同じです。

まず、肌が正常になることを目指しましょう。

それには特別なことをしないで、なるべく休ませてあげてくださいね。

肌がゴワつきやヒリヒリ感がなくなったら、お化粧をしても大丈夫です。

その時も、日焼けやファンデーションはなるべく刺激のないものや鉱物油フリーのものを使って、こすらないようにします。

顔を洗う時間はクレンジングに1分、泡で洗うのに1分、泡を流すのに1分ぐらい。
全行程の合計が3分以内と心がけてください。
洗いすぎも乾燥肌の元になります。

16 あなたが嫌だと感じることは、お肌も嫌がっています

洗顔洗心塾に小学6年生の女の子がお母さんに連れられて来ました。

身長こそまだ低いですが、耳にはイヤリングをつけて一見、小学生とは思えない出で立ちです。

お母さんの言葉を借りれば、「いろんなことで悩み始める時期で、私の手に負えなくなってきているから、心の話や肌のことを聞かせたい」ということでした。

3時間も聞いていられるだろうか？

最初の時間は、椅子《いす》の上でクネクネしたり落ち着かない様子で、お母さんにちょっかいを出しています。

いつもより早めに休憩時間にして、

「ここに来る大人は受講料を払って勉強しに来ています。あなたもその格好からすると大人の仲間入りをしていますが、大人として扱うので、ちゃんと受講できますか？」

と、まっすぐに彼女の目を見て聞いてみました。

彼女は目をそらさず、「はい」と素直に答えました。

そこから彼女は急に態度がよくなり、真剣に聞くようになりました。

手を使って顔の洗い方の説明の時も真剣に聞いていました。


あとで、こんな感想文を書いてくれました。

「わたしはバイオリンをしていて、手にクリームが塗れません。先生がやったのを真似して洗って拭いてみたら、手が白くなってツルツルしていてびっくりしました。手がガサガサではなくて気持ちよかったです。

爪もすごくキラキラしていてツルツルだったです。母が洗っているのはよく見ていたのですが、実際にやったのは初めてです。思っていたより楽しかったです。

私は皮膚のことは知らないので。いつか知りたいと思っていました。知れてよかったです。とてもうれしかったです」

肌は、一生つきあっていくものです。

顔の洗い方は、子どもが自分の顔やスタイルに関心を持ちはじめた頃に教えるのがいいと思います。

まだ一緒にお風呂に入れる時に折にふれて**自分を丁寧に扱うことを覚えることや、洗顔方法を見せてあげることは、知らない間に〝教育〟になっています**。

子どもはよく見ています。親以外の大人が真剣に伝えたいことは心に残ります。このお嬢様が何もしなくでもスベスベになったと感じたように、お肌の潤い分を取りすぎない洗顔がとても大切です。

洗顔は一日2回にとどめること。肌表面の水分は皮脂と混ざることで天然の保湿液をつくって、肌を守っているのですが、洗いすぎると、このバリアが壊れてしまいます。

洗顔でゴシゴシこするのは禁物です。洗顔料をよく泡立て、泡を肌の上で転がすように優しく洗います。洗顔後はしっかり保湿をしてください。

ニキビにはスクラブ入りは刺激が強すぎるのでおすすめしません。

洗顔後のすすぎも20回以上は水をかけて充分に行いましょう。

あなたが嫌だと感じることは、お肌も嫌がっています。

優しく丁寧にお肌に接してください。

何かをつけることより、今ある素肌を大切にしていじめないことです。

「足し算より引き算」でつきあうことが大切です。

実践者の体験手記❷

何があっても感じたままを受け取れるようになりました

洗顔によって私が変われたことは、「感じたままを受け取れる」ようになったことです。なんだか変な言葉です。少し説明させていただきます。

これまでは、嫌なことはなかったことにしたり、いいように作り変えて都合よく受け止めてきたように思います。

自分自身が傷つきたくないという本能がそうしているのでしょうが、振り返って気になる言葉があります。

それは「プラス思考」です。物事にはプラスとマイナスの面があるから、積極的にプラスの面を見ていこう、という考え方です。このおかげで、何事にも積極的に取り組めたと思います。

ところが一方で、真剣に受け止めないといけないところをスルリとすり抜けてきたようにも思います。そして、そういう思考が続いていくと心の中に何かふれてはいけない影のようなものが生まれ、気持ちが不安定になってきます。その不安をカバーするために、さらにプラス思考を行うのですが、これでは不安定さが増すばかりです。

たどり着いたのは、「結果がよければい

いや」という考えです。決して、そういう考えがよいとは思っていません。ただ、よかれと思った「プラス思考」も、少し間違えるとそう考える自分にしてしまっていたのです。

今野華都子先生の洗顔方法に出会ったのは13年くらい前でしょうか。随分長いように思えますが、本当の気づきを得たのは4年ほど前です。

私は先生の洗顔方法には二つの大切な部分があると思っています。

一つは、十分に泡立った泡で優しく包むように洗うこと。

もう一つは、顔を約10のパーツに分け、一つ一つを丁寧に洗うことです。

化粧をしない私は一つ目の洗い方で十分と思い、泡立てた泡で顔全体を一度に洗い、「これでよし」としていました。

ある日、はるか昔にいただいた「今野華都子式洗顔方法」の図解の紙が出てきました。内容は十分に知っています。ただ、行っていないだけでした。

10年近くの期間を経て、ようやく書いてある通りの洗顔を行いました。簡単と思っていたことは大変なことでした。

これまでは「洗い終わること」を目標に顔を洗っていました。

ところが10もしなければいけないことがあると、今までどおり〝一気に〟というわけにはいきません。呼吸のことを考えたり、ひじの位置、指先の向きを図と見比べたり。「一つ一つ丁寧に」という言葉が口癖になったのは、正しい洗顔が習慣になったのと同じ頃でしょう。ともすると、一気に洗いたくなる自分にそう言い聞かせながら洗顔をしてきました。

そして「一つ一つ丁寧に」することは、とても大切なことであることが分かってきました。

手や指が顔に優しさを伝えること。顔が手や指の優しさを受け止めること。時として慈しみの気持ちが湧き出ること。様々な気づきをいただきました。

いつしか「顔を洗い終わること」が目標ではなく、「一つ一つを楽しむ」自分になっていました。

この習慣は、洗顔にとどまらず生活全体を変えました。

今も胸が苦しくなるほど後悔や反省の念に襲われることがあります。これまでなら、あれこれ理由をつけて都合のいいように受け取ったことでしょう。でも、今は違います。その苦しみも十分に味わおうとしている自分がいます。

苦しいけれど、足が地についたような安心感が出てきました。「感じたままを受け取れる」ようになったのです。

（上野山泰規さん）

心と魂のくもりをとる小さな習慣

17

不幸のタネを探す癖は、魂をくもらせます

洗顔洗心塾は身体と心と魂の輝きを取り戻す塾です。

毎日生まれ変わる細胞は元気できれいなはずです。

でも、きれいになりたいあまり、**他人を羨《うらや》んだり、自分を卑下したりして、自分が自分を傷つけていることに気がつかないことがあります。**

洗顔洗心塾に参加するのは3回目という方から、こんな感想をいただきました。

「今回気づいたことは、自分は特に**不幸の種を探す癖がある**ということです。

自分を卑下していることで謙遜《けんそん》しているように思って安心していました。そして無理に満足しているとか、幸せだとか思い込もうとしていました。

頑なにこだわりすぎないで、笑顔で穏やかに生きていきます。」

18

なりたい自分を育てる「ハイジとまゆみの法則」とは

今の自分の顔には、自分が自分をどう育ててきたかが表れています。

「ハイジとまゆみの法則」を使って、ちょっと今の自分を振り返ってみましょう。

「ハイジの法則」は自分育て（育自）の習慣。

ハは「ハイ」という肯定的な返事。肯定は、自分と周りのすべての可能性を広げていきます。

イは「いつも笑顔で」いるように努力すること。営業スマイルではなく、普段の生活の中でどんな顔をしているかです。

ジは自分から変えること。たとえ相手が感じが悪くても、「自分から」にこやかに笑いかけて、相手のいいところをほめることが大切です。

「まゆみの法則」は他人との関係のあり方。

まは「待つ」こと、感情の大きなうねりをやりすごすこと。

今の自分が身につけていることは、成長を待ってもらって、時間をかけて身につけたものです。それを忘れて、他人に厳しくなってしまいがちです。

ゆは「ゆるす」こと、相手をゆるすことが自分がゆるされること。

人は自分が被害者のときだけよく気がつき、自分が人を傷つけていても、気づかないものです。みんな、ゆるしてもらって生きてきたのです。

みは「認める」こと、誰の中にもある「魂の光」を見ること。

人はいくつになっても、自分のよさに気づかないことがあります。自分のもらったものが一番いいものだと知り、それを高めて磨いていくことが必要です。

自分を愛するとは、自分の感性を信じることであり、自分にも与えられたであろう能力を信じ抜くこと。

誰もが願っている愛と平和も、あなたが手に入れたい美しさも自分の中あります。

生まれる前の私たちは、受精卵というたった1個の細胞でした。

自分の遺伝子の計画通りにこの身体をつくり上げ、光の仕事をするためここにいます。

毎日の小さな努力が、大きな変化のために大切です。

未来を素敵なものにするために、小さな努力を積み重ねると、「バタフライ効果（蝶の羽ばたきのような小さな動きが、竜巻のような大きな影響を与える現象）」で大きな幸せを手に入れることができるかもしれませんよ。

私たちの言葉は発された瞬間から、実現に向かって加速します。今日のあなたが話した言葉は、温かい思いやりに満ちた清らかな言葉ですか？

毎日の暮らし、毎日の仕事は、そんなに変化に富むものではありません。

単調な日々のなかで、どのように自分を育てていくか。それが分かっていないと、目の前のことに捉われて迷子になってしまいます。

「ハイジとまゆみの法則」を実践した毎日の小さな習慣の積み重ねによって、自分の可能性を引き出し、人生を変えていってください。

19

自分にダメ出しをしないで「ハイ！」と言うこと

私がお伝えしている洗顔は、自分を肯定し、自分を好きになること、愛することにつながります。

ある日突然、眩《まぶ》しいほど、きれいになる人がいます。

好きな人ができたから？　いいえ、誰かを好きになったのではなく、自分がやっと好きになれたのです。

お母さんの期待に応えたい私は、一生懸命に努力しても、いつもダメ出しばかりされていました。

私は叱られてばかりいました。お母さんにほめられたことは思い出せませんでした。

結婚してからも、お母さんは容赦なく私の心に命令をし続けました。

私は怒られないよう精一杯の自己防衛をしました。

髪を下ろし、いつも髪の毛の中に隠れていました。感情を表情として出すことはありませんでした。

私はどんどん理屈屋になっていきました。

どうしてなの？

なぜ、こんなふうになるの？

何でも理由を求めました。

理屈に合わないことは信じない。

たとえば、誰かにほめられた、自分がほめられるわけはない。

かわいいって言ってもらっても、私に限って、そんなことはないと全否定する自分がいました。

どうしてこうなったの？

誰が悪いの？

お母さんを怒らせる私が悪い……。
私の出来が悪いから……。
私なんて、この世に生まれなければ……。
知らず知らず、ずっと自分を否定していました。
そのことすら気づきませんでした。
「あなたは誰がなんと言おうとかわいいし、比べなくていいし、そのままでいいよ」
初めて、「ああ～、お母さんにこう言ってほしかったんだ」と気づきました。

もう一つ、気づきました。
「怒っていたのも、お母さんの別な愛の形だったんだ」
急に自分の心に光が差し込んできました！
急に自分が愛おしくなりました。
自分に謝りました。
今までこんな顔でいてごめんなさいね。

自分を嫌いで、ごめんなさいね。
自分に優しくできなくて、ごめんなさいね。
自分の子どもたち、こんなお母さんで、ごめんなさいね。
自分の夫、こんな妻で、ごめんなさいね。
今まで出会ったすべての人、本当にごめんなさいね。

前髪に風が吹き、
目に光が湛《たた》えられ、
頬がゆるみ、
肌が生き生きと輝いて、
内なる光があふれだし、
口元には笑みがこぼれます。

私は愛される存在だった！

私が私でいていいんだ！

これでよかったんだ！

自分を赤ちゃんだった頃のように、自分で愛おしく思えます。

やっと心と身体が一つになりました。

やっと自分が大好きになりました。

自分を大好きになる。それがすべてでした！

今までのつらい経験も含めて私は私です。

今までは理屈ばかりこねていましたが、すべてのことに「ハイ！」が言えそうです。


自分を大好きでいること、それは誰でもしていそうでできていないことの一つかもしれません。

それはわがままでいることとは少し違います。

「自分を大好きな自分に育てる（育自）」

ということなのです。

20

今の自分を抱きしめてあげていますか

あるところで、「私、自分のことが大嫌いなんです。どうしたらいいでしょう」と聞かれました。

私は彼女をハグしながら、こう答えました。

私「実は、あなたは自分のことが大好きなのよ。自分を大嫌いになった理由、何があったか思い出せますか？」

彼女「いいえ……」

私「お父さんとお母さんのことは好きですか？」

彼女「分かりません」

私「嫌いと答えたくないだけ？　大好きな人には愛されたいのです。好きになってもらえない自分を嫌いになったりします。そして自分の悪いところを探す癖を身につけます。

自分が大嫌いだと思えることは、それだけ自分に関心があり、大好きだからなのよ」

彼女「エッ……」

大好きだから自分に厳しい。
大好きだから自分を許せない。
でも、大好きだから、優しくいたわって、
大好きだから、自分を許して、自分を信じて裏切らないでね。
彼女の目からたちまち涙があふれてきました。
そして、泣きじゃくりながらも笑ってくれました。
ありがとう。

もう大丈夫。
あなたはとても素敵ですよ。
そのうち自分にも、ご両親にも大好きって言えますよ。
また、嫌いになる日があるかもしれません。
その時、自分を抱きしめて「大好きだよ」と言ってあげてね。

21 愛を注ぐ対象をつくりましょう

「優しい気持ちでいたいのに、ひとりだし、同じ環境に帰っていくからすぐに元に戻ってしまいます。どうしたらいいですか？」

そんな質問を受けました。私の答えはシンプルです。

「愛を注ぐ対象をつくりましょう」

まず、帰りに自分の好きなお花か植物を求めましょう。

お部屋にかざると少しホッとします。

そして、あれこれ考えてあげてください。

相手と同じ位置に心を持ってくると、自分で動けない植物が、物言わない物がどうしてほしいのか、少しずつ分かるようになります。

自分が忙しくしている時は見えなかったり聞こえなかったことが、少しずつ感じられてきます。

ここは寒すぎないか、暑すぎないか
日なたが好きか、日陰が好きか
お水は頻繁にやるか、あまりやらなくていいか

元気はあるか、弱っていたら水揚げはどうするか
心をかけて、手をかけすぎず、子どもを育てるように声をかけてください。

「お水がなかったね、ごめんなさいね」
「暗かったね、見ていてあげないで寂しかったね」
「もう大丈夫だよ」
「顔色がいいよ」
「素直だね」

「大きくなったね」

「わあ〜い！　かわいい」

「つぼみが出てる」

「嬉しいね」

「がんばったね」

「すごく楽しみ〜」


変化は目にはっきり見えないほど微妙かもしれません。

でも気づいてあげて、声をかけてください。

いつしか、その愛の言葉と声が、自分への肥やしになっています。

自分に注いでほしかった愛が育ち、あなたを通して周りのもの、人にあふれていくようになります。

いつしか、あなたとみんなの笑顔という美しい花が咲いているでしょう。

22

相手をゆるしましょう

美味しそうなケーキが一個あって、二人のどちらもこれが好きで食べたかった時は半分にします。お互いに少しずつ我慢して平等で心は満足です。私たちは自分の望みがすべて叶うわけではありません。

そんな時は堪《こら》える力が必要です。

堪えることは我慢することではなく、許し合い、どちらもよいようにすることです。勝つということは、相手を負かすのでなく、欲望をほんの少し抑えて、弱い心に「克《か》ち」、「割《か》つ」分かちあい「活《かつ》」生かし合うことです。

こんな質問がありました。

「私の夫はそのケーキを一人で食べたがる人です。そんな時はどうしたらいいのでしょう？」

では考えてみましょうね。

「自分だけほしい」

これを良いか悪いかではなくて、こう考えてみましょう。

子どもがまだ5歳ぐらいなら、母親は自分が食べなくても喜んで与えましたね。分け与えることで喜ぶ顔を見るのが幸せだからです。

物なら分け与えることができます。

では、見えない物はどうでしょう。

子どもがケガをしたり病気になったりしても自分が分けてもらうことはできません。まして自分のために不幸になったらいたたまれません。

重篤《じゅうとく》な病気を抱えた子どもの病気の回復を必死で願う時は、「私の命に代えてもいいから救ってください」と祈ります。

ケーキで相手を騙《だま》して奪うことや、殺すことなどはしません。

ここにある違いは何でしょうか?

ケーキを分け与えていたのではなく、あなたの愛を形として差し出していたのです。恋愛時代なら、どんなふうにしたら相手が喜んでくれるかばかり考えていたはずです。この人のためなら命さえ差し出す。

そして生まれた我が子という結晶。愛すべき対象が増えていきます。寝ないで母乳を輸血のように与え続け、成長を見守る。そこには「私心」がありません。

「私心のない行動をする心」

まず、愛する相手がいて、最初に形あるものから与えられることは幸せなことです。


あなたの夫も、あなたにたくさんのものを与えてくれています。

安心して帰れる家があり、健康な家族がいます。そこにはたくさんの物や思い出がありあります。便利なものに囲まれ安全安心なところにいます。あなたと夫が創り出した家庭です。
夫もあなたと同じくらい堪えてきたから今があります。
でも、きっとどちらも「私のほうが我慢してきた」と言うでしょうね。
原点に帰り、もう一度、相手を愛することから始めてみませんか?

23

心身を清める「禊」から、あるがままの自分につながります

私は毎日の洗顔を、心身を清める「禊《みそぎ》」の一部だととらえています。どういう意味でしょうか。私が毎日習慣にしている禊の作法をご紹介しましょう。

私は一日2度の禊をしますが、それは朝、歯を磨くことから始まります。天然海水塩と重曹を混ぜたものを歯ブラシにつけ、歯と歯茎の間、口の奥、舌を優しくこすります。

指に塩をつけ、唇と歯茎の間をきれいにします。

口をすすぎ、海水塩をひとつまみ入れた水で喉の奥のうがいをします。

歯磨きの後は、目の中を洗います。洗面器に水をためて、海水塩を入れて、顔を水に浸けて目をパチパチさせます。

鼻の奥も洗います。洗面器を洗って同じように海水をつくり、一方の鼻をふさいで鼻の奥に水を通します。もう片方も同様に、鼻が通るまで何度も繰り返します。

次に手を洗い、手を清らかな道具に変えます。

そして、手に泡を立て、顔をゆっくり丁寧に洗い、丁寧にすすぎます。

さあ、これで顔の器官の全部に水の温度や性質の情報が伝わりました。

服を脱いで、タオル2枚持って水場に行き、足から水をいただきます。

下半身が一瞬ビクッとして冷たさが全身を走りますが、これでいいのです。

手先から二の腕に水をいただき、おもむろにお腹、胸を通って、最後に背後で衝撃的な冷たさを全身で味わいます。

そこから一気に、全身に容赦なく水をいただきます。

水の冷たさが心を諌めます。

息を整え、心に整え、空蝉の身体を清めます。生きるは息をすること「いのち」「い」は「忌《い》」慎んで穢れをさけること。したがって、「いのち」は穢れなき霊力が宿りしもの、という意味なのです。

ふと気づくと、身体から湯気がたっていて、生きている身体を実感します。

禊が終わり、体を足の指の間に潜む水までふき取ります。

そして、穢れを流した水場の水滴をふき取ります。壁の面に飛び散った水滴、床に広がる水たまり……。身をかがめ、ふき取らせていただき、何事もなかったかのように場を整えます。

禊は自然と融合し、あるがままの自分につながる習慣なのです。

24 感謝を習慣にしましょう

前項で述べたように、朝夕に最初にすることは禊《みそぎ》。水をかぶること。
毎日していると、どんどん気づいていくことがあります。

東北の冬の禊は刺すように冷たい。冷たいを通り越して痛い。
そんな時、身体に水がかかる時「ありがとうございます」と言えばいい。
そうすると、確かにイヤという感情が少なくなっていたのです。

それは今思えば自分の冷たさから逃避する「ありがとう」でした。
禊が終わってから、いつも洗い場の水滴を拭き取ります。天井も壁も床も水分が感じなくなるまで拭き取ります。

最初は普通に掃除のためであり、カビが生えないためでした。

そのうち余計な水を飛ばさないように、水をかける強さを調節したり、かけ方を工夫したので、掃除する面積と吸い取る水の量が減ったのです。

そのうち、褉はこの掃除の仕方とセットになりました。どんどん掃除が楽しくなり、排水口まですべてが輝くようになりました。

最初は冷たさを回避するための「ありがとうございます」が、私の汚れが飛んでごめんなさいの「ごめんなさい」。そんな私を受け止めてくださって「ありがとうございます」の感謝に変わっていました。

冷たいが、気持ちの「嫌、イヤ」に結びつかなくなった瞬間でした。

身体はそのうち、こんな変化を示していました。

最初の冷たさも強さも勢いも受け取るとき、一瞬のうちにすべての情報を感じ読み取りそれに対応します。

二回目は受け取りに余裕があり、最高の状態に整えます。それからは禊も掃除も困難もすっかり楽しくなりました。

一回で完璧にできなくていい。次回への情報をくださっている。

その場で一生懸命やればいい。禊をしてやり直せと一度目の間違いを赦《ゆる》してくださっている。

また、そこから一度目。

「赤子のような新たな心でやり直せ、生き直せ」

と神様が教えてくださっているような気がしました。

だからお参りする時は、神様に二度、頭を下げて身体の軸を整え、神様の前で身（右手）を引いて、偽りのない整った心を表す柏手を打つのかもしれません。

25

「おかげさま」という言葉を使いましょう

「おかげさま」という言葉があります。


「お元気ですか」

「おかげさまで」


お世話になっていない人にもかかわらず、「おかげさまで」と言うのはなぜでしょう。

「おかげさま」には主語がないですね。

「おかげさまで助かりました。ありがとうございます。感謝いたします」

という部分が含まれています。

何に対して感謝しているのでしょう。

目の前の人だけに感謝しているのではなく、だれかれの見境なく、日常的に使っている不思議な言葉の一つです。

誰かに何かをしてもらったから感謝するのではなく、その**「陰」にあるすべてに感謝しているのが、おかげさまではないか**と私は思うのです。


私一人では存在することすらできない。

私が存在するのは両親が産んでくださったから、私が生まれるまでは気の遠くなるほどの命のリレーがあった。

遠い過去には、「食料が採れず、餓死や、凍死や、不慮の事故、獣に襲われる、自然の毒にやられる」など、いつ命がなくなってもおかしくない時があり、生き抜いてくださった祖先から受け継いだ命……。

食料を採ることだって「当たり前」ではない。木の実をはじめ、動物、魚を育てたのは一体誰だろう。

太陽の光や水や土や微生物や虫達の見えない活動があって、空気を作り出してくれる植物などすべてが育っている。

外国なら列車が1時間遅れるのは「当たり前」でも、日本ではたとえ電車が1分遅れても謝罪のアナウンスがある。

今ここにいること、すべてがうまくいっている陰には、そうやって当たり前のことを当たり前のこととして誠実であり続けている人がいるから。太陽（日）の心でみんながやっているから、太陽のおかげ、日の陰……。


「目の前に見える物と事」

「見えないけど有る物と事」


大自然や目に見えないものに畏敬の念を持っていた日本人は、見えるもの・見えないものの両方の存在を感じ、感謝を伝えることから「おかげさま」という言葉が生まれたのではないでしょうか。

日本人は大切なものは明らかにしないで、感じるのです。本質をそのまま語らないで感じる日本人の美意識が生んだ究極の言葉が「おかげさま」なのです。

「おかげさまで」――この言葉を使う時は大いなる力が働くのだと実感したことがあります。

ある女性が、「助かります。ありがとうございます。感謝いたします」のあとに恐る恐る「おかげさまで」と言ってみたら、なんと頭が自然と下がったのです。

言った彼女も感動し、それを見ていた私たちも感動しました。

「おかげさま」も英語に訳せない大和《やまと》言葉です。

祖先が残してくださった究極の光の言葉を、未来を照らす言葉として大切に使い続けませんか。

26

「ありがとう」の言葉で、見えない力が働きます

1日1万回コーヒー豆に対して感謝をしているというブラジルのコーヒー農家・鈴木功さんのお話をしましょう。

鈴木さんは私と同じ宮城県出身で、1980年に日本からブラジルに移住し、現在は「パライーゾ農園」でオーガニックのコーヒーを栽培しています。

パライーゾ農園産のコーヒーは私にとって特別です。つい3年くらい前までコーヒーは苦手な飲み物だった私が、その香りに誘われて一口飲んでみたい衝動に駆られ、飲んでみて今まで口にしたコーヒーとは全く違う。苦味もありスッキリした味わいで、飲んでも気持ち悪くならずに飲めるようになりました。

ある時、鈴木さんは自然との調和に目覚め、それまでやっていた農薬や肥料を使う近代農法をやめて、無農薬、有機栽培に切り替えます。でも、ブラジルで一番難しい有機認証を取得するためには、数年間土地を休ませなければなりませんでした。

その間、収入はゼロ。農業機械などの設備投資から多額の借金を抱えた困難な状況のなかで、鈴木さんは日本へ出稼ぎに行き、昼はガードマン、夜は地下鉄の工事現場で働いてお金を返しながら、その土地にコーヒーの樹を植えるところから始めたのです。

自然と調和する農業を実践するなかで、鈴木さんは、コーヒー豆の質を高めるためにクラシック音楽を聞かせます。

コーヒーの樹には「ありがとう」という感謝の言葉をかけて元気づけ、ＥＭ菌を使い、目に見えない微生物の力を借りてその土壌を健やかな状態にしておきます。

鈴木さんのオーガニックコーヒーが最高級で美味しいのは、感謝の波動や微生物といった目に見えないものの、大いなるものの力が働いているからなのかもしれません。

先日、ブラジルを訪問し、鈴木さんのパライーゾ農園に行って、昔の日本の農家を思い出しました（私もエステの仕事を始めるまでは、農家の主婦です）。

大型機械と灌漑用の散水設備を整えた大きな農場とは違い、ここでは珍しいたくさんの種類の果物が混在し、足元には鶏が何十種も平飼いされて自由に餌をついばんでいます。

農業は変わりやすいお天気相手の仕事です。思うように雨が降らなくて植物が干上がったり、雨が多すぎて受粉できなかったり、すべてが予測不可能です。

「百姓」とは百のものを作るから百姓なのです。土地の性質を知り、天気を読み、植物の性質を知り、すべてままならぬものの意識をくみとり、決して怒らず、祈りながら神のような愛を注ぎ続けるのが百姓なのです。

27

遊ぶように、日常を楽しみましょう

何気ない日常を楽しむと「遊び」になります。

今まで真面目に一生懸命やる人ほど「遊ぶ」ということに罪悪感を感じがちになりますが、それでは自然に明るい笑顔にはなれないものです。

たとえば、ご飯の用意は、いつもと何ら変わりのない普通の生活の一部。でも、普通を楽しむと、「愉快、楽しい、ありがたい」と自然に思えてきます。

たとえば、子どもは水たまりを見つけるだけで大喜びして遊んでいます。なんでもないことをとても楽しがる。そばにいるだけで、人とじゃれあい、そこにある物を使って楽しい遊びに変えてしまう。

人差し指と親指で拳銃になったし、一本の棒が侍の刀になった。風呂敷がヒーローマントになった。一本の縄で縄跳びができた。石蹴りで遊んだ。鬼ごっこ、かくれんぼ、ハンカチ落とし。生きていることが遊びそのものだったのです。

無心で遊んでいると、笑顔になり、明るいエネルギーに満ちあふれて、光り輝きます。ああでもない、こうでもないと迷い、考えて、したかったことを何度もやめた、という経験はありませんか。

最初に思った通りにいけばよかったのです。

仕事も、趣味も、生活でなすことも、さらには人生の運・不運も、すべて遊び心で受け止めればいいのです。

生きるとは、この世にいて、我を忘れて、無心に自由自在に、「遊ぶ」ことです。

私たちは、それぞれが五本の指。

下でつながっている個性の集団。
一人の気づきは、みんなの悟りへつながっていく。
こんな気づきを得る友と生きるのが、また楽しい。
今日も「遊びをせむとや生まれけむ」
（人は遊ぶために生まれてきたのだろうか「梁塵秘抄」より）
この世に一緒に遊んでくださる方も、遊びの道具は山ほどあります。

28

正しいか、間違っているかで判断しないでください

自分が正しくて、他の人が間違っているのか、
他の人が正しくて、自分が間違っているのか、
と問われたら、
「どちらも正しくて、
どちらにも間違いの時があります」と答えます。

立ち位置を変えて視点を変えて見ると理解できるかもしれません。立場が違えば、
正反対になります。
どちらも正しい

それぞれ必要な感情
私たち以外の自然のものは善悪では測れない中で生かされています。
善悪を決めるのは人の感情です。
自分にとって都合が良いとき＝善
自分にとって都合が悪いとき＝悪
でもどちらとも決めないでいいのです。

自分がどの方向で生きていくのか、
それを決めるのは自分です。
自分の為すべきことを愛をもってやるだけです。

すべて必要なことが起こるのです。

29

自分にスイッチを入れれば無限の願いが叶います

私は何回も大きな病気をしました。この病気になると必ず死ぬと言われるような病気です。43歳の時は劇症肝炎でした。35歳までは、人は生き方が大事だ、顔だの外見は重要ではないと思っていました。

小さい頃から病気ばかりで、早く世の中に出て、生まれてきてよかったと思えるような自分を育てたい、自分を使ってあげたいと思ってきました。

腎臓を患うと顔の色が悪くなります。外面には関心ないと思ってきたのに、「このシミ消えないかしら」と思う自分がいました。こんな自分ではいけない、自分できれいに向かおうと思うようになりました。

23歳の時、農家に嫁いで子育てをし、45歳の時、子どもが大学と高校生に一度に上がる、お金がない、子どもを進学させたいと働くことにしました。長年家にいて、何にも特別にできません。

6年後、エステティックで世界一になりました。エステは通信教育を受けて学んだのです。

特別なことはできないと言いますが、私ができることは、みんなできるのです。難しい！　そんなことでもやれる人がいる。みなさんも最初に、会社で仕事をした時、誰も経験したことのない毎日だったではありませんか。

きれいになってから、どう歩ませていくか。

「すごく嬉しいです。超ラッキーです」と言えるか。

自分がどう思っているか、肯定的に受け取るか。

「はい、分かりました」と言えるか、難しいと思うか。

38億年前に生命が誕生しました。私たちの持っている遺伝子は勝ち続けている最強のDNAなのです。スイッチを入れればすべて叶う、無限の可能性を持っている存在なのです。

自分のものの考え方次第です。

できないと思っている人はできない。嬉しい、素敵です、私は恵まれている、愛されてこの世にいると思ってください。『プロジェクトX』という番組がありましたね。あそこに出てくる人は決してあきらめない。いつもどうしたらいいだろうとやり遂げたい気持ちがある。何かしらきっかけが起こる。たった一人でもそれをやれるという静かな信念が鍵を開けるのです。

30 私たちの中にある火を自分から灯してください

ある女性から聞いた話です。

「小さい頃、いつも父母が不仲で、幸せな時間が思い出せません。何も考えずに素直に、ありのままにとか、子どもの頃のようにと言われても、素直に無邪気に遊んだ記憶がありません。母とは楽しい思い出がありません」

「母は小さい頃とても貧しくて、私たちには貧しくて惨《みじ》めな思いをさせたくないとよく言っていました。

私は妹の面倒を見ながら思っていました。

母に〝あれを買ってあげた、これを食べさせてあげた〟と言われても、そのとき私が欲しかったものは、それじゃない！

お母さんが、私の話を聞いてくれること、優しく見つめてくれること、抱きしめてくれること、愛されていると実感させてくれることでした。


お母さんは自分が欲しかったものを私たちに与えるために精いっぱい働いていました。それはある意味、お母さんの幸せでした。自分の幸せのために頑張っていたのでした。それが子どもたちの、幸せと信じて。


ある日、私は愕然《がくぜん》としました。

母と同じことをしている！

そう気づいた私は、あれほど一生懸命に働いていた会社を辞めました。そして、自分探しの時間を持ちました。でも、そんな子ども時代を送ったからどう自分を表現したらいいか分かりませんでした。

自分を愛することも、
自分を大切にすることも、
言葉でしか理解できません。
子どものように〝無邪気〟にと言われても、それが分かりません」

そう言ってくださったあなたにはちゃんとあります。

花が咲いているのを見てきれい！　と思う気持ちがあり、悲惨な状況を見て心からかわいそうと思う気持ちがあるでしょう？

本心から喜び、本心から悲しみ、自分にできることを思うでしょう。

その気持ちを大切にすることです。

その気持ちを大切にすると行動できることがあります。

小さなことから行動し、喜びを分かち合うこと。やがて自分の中の愛の火がどんどん大きくなります。

そして、勝手にあふれでて、あなたにふれる人はキャンドルサービスのように点火されていきます。

周りの人は、そんな人になっていきます。

元の火（日）は、常に私たちの中にあります。

自分の中の絶対の愛、絶対安心の境地。

それが古事記《こじき》の中にある「受け日（ウケヒ）」です。

お母さまは見せてくれることによって、自分が求めているものがより明確になりましたね。

病気の人が健康のありがたさをしみじみ知るように。

最初にたくさんの悲しみ、苦しみを知る人は、当たり前は何もなくて、すべてが愛だったのだと知るように。お母さまとのことも大変だったでしょうが、それを通じ、自分の中の絶対の愛、絶対安心の境地が何かを知りました。それを知ることは、幸せに一番近い人なのです。

何もしてもらわなくても大丈夫です。

自分を大切なものとして大切に扱うこと。

自分が心動かされることを味わうことです。素直に幸せを見つけられますよ。

彼岸の日、彼女は被災地のボランティアをしてくれています。**目の前にあることで自分を生かし与える愛に生きています。**

実践者の体験手記❸

意識が変わることで病気も癒されることを体験しました

私は2017年7月、乳がんと診断されました。自然療法を勉強していたので、自分で選んだ治療をしたいといろいろ悩んでいる時に、今野先生にお目にかかりました。

当時の私は、髪の毛が不自然なほどの目元ギリギリのボブスタイルで、おでこも耳も隠れていました。今野先生がまず私に言われたのは、

「顔に光が入らないから、おでこと耳を出しなさい」

私には眉毛のところに大きいホクロがありそれを見られたくない、劣等感の塊で少しでも自分を隠したいがために、そんな不自然な髪型をしていました。すぐに髪の毛をピンで留め、耳も出してセミナーに参加。顔に光が入るようになったからか、一日、二日と経つうちに見られたくないという気持ちが薄れていきました。今野先生に言われた「自分が気にしなければまわりも気にしない」という言葉が実感できました。

また、私は自分に対してまったく自信を持てない、しかも頑固で他人の助言も聞けないのに、少しでも自己価値を上げたいと、いつも何かを自らに課し、わざわざ疲労さ

せる生き方をしていました。今野先生はそんな私に、たくさんの気づきを与えてくださいました。

「自分を認めて愛して自信を持ちなさい」、ハイジの法則、まゆみの法則の実践等々。

少しずつ自分を愛せるようになり、人生観が変わり始めました。今日やろうと思ったことがやれなくてもいいんだと、楽にあるがままに生きられるようになりました。

絶対的な安心感のある、地に足のついた生活を送れるようになりました。

人から言われたことを「ありがとうございます」と素直に受け取れるようになったこと、人前で言葉を選びながら落ち着いて話せるようになったことは、自分でも驚くほどの目に見える変化でした。

その後、参加した断食セミナーや古事記塾では、今野先生や皆様に、きれいになった、明るくなった、内面の変化が出ている、声も変わった等々、嬉しいお言葉をたくさんいただきました。

2017年10月に手術を受けましたが、はじめステージ2と言われていたのが、術後の検査ではステージ1。意識が変わることで病気も癒されていくことを体験しました。

病気は私にとってのギフトでした。命を還元して自分の気持ちを明るくしていけるように精進して参ります。

（栗原真理さん）

自分本来の輝きを
取り戻す生き方

31

私たちは心と体と魂でできています

近年、日本古来の言葉「大和言葉」が話題を集めています。大和言葉で書かれている『古事記』を学ぶと分かるのですが、実は、何気なく使っている日本語の中に、大和言葉はたくさんあります。

たとえば、「おとうさん」「おかあさん」という言葉が、大和言葉に由来していることをご存じでしょうか。

「おとうさん」は、「とう」が大和言葉の「尊《とうと》し」に敬称の「お」と「さん」がつきました。また、数字の「ひ、ふ、み、よ……とお」という数字的に満ち足りている様子を表しており、心身共に統合された尊い人のことを「おとうさん」と呼んでいるのです。

「おかあさん」の「か」は、大和言葉で「火」「日」という意味で、日の光のように明るく輝き、万物の命の元である人のことを指しているのです。

さて、ここから本題です。「人」はそもそも、どんな意味を持つ言葉か知っていますか。「ひと」という言葉の成り立ちに、実は「人は何でできているか」の答えが隠されているのです。

まず、「ひと」の「ひ」ですが、大和言葉は音に意味があり、「ひ」と発音するものは、すべて同じものを指します。

「日・陽・光・飛・比・火……」と実にたくさんあります。先ほど紹介した「ひ、ふ、み……」のひ（一）も同じ。**一番本《もと》になるもの、なくてはならない大切なもの、明るいもの、光り輝くもの、あたたかいもの、比べようのないたった一つのもの、そしてすべてに満ちあふれているもの……、それが「ひ」というエネルギーなのです。**

また、「むすひ（産霊）」という言葉があるように、私たち日本人の祖先は、天地万物を生み出す最初のエネルギーを「霊《ひ》」と名づけました。

『古事記』にも「むすひ」の神様が多数登場しますが、形が生まれるときを「むすひ」と言います。

たとえば、空気中には水素と酸素があって、それが結合すると水という「見えるもの」になる。でも、この見えるものは、また温度が変わると水蒸気になって、「見えないもの」になる。どんなふうに結合（むすひ＝結び）するかによって、見えるものや見えないものに変化するのです。

こうして「ひ（霊）」が見えるようになることを「産霊《むすひ》」と言い、霊がとどまったものとして産まれてきたので、「霊止《ひと》（＝人）」と呼んでいるのです。

この、日・陽・光・霊《ひ》が個別パックされたものが肉体《からだ》です。この肉体を維持するために、痛い、寒い・暑いといった五感と呼ばれる感覚をもらい、感覚で感じることを「心」と言ったのです。

肉体と心はセットになっていて、肉体が滅びると、心がなくなります。

たとえば、誰かがあなたに悪口を言ったとします。耳で聞く（五感のうちの聴覚）から悲しくなるわけで、もし体がなかったら聞こえませんから、「悲しい」と感じる心の構造がないわけです。

そして、「霊」（ひ）のことを私たち日本人は「魂」と呼んでいます。つまり、**肉体と心と魂がセットになったものを命と言う**のです。

命の中心には光《ひ》があり、これを私たちは御霊《みたま》と呼んでいます。物事の核としてあるものを本質と言いますが、この本質としての自分をきちんと生きること、本質である魂に沿った生き方をすることが大切ではないでしょうか。

32

本来の自分に戻るには、「明るく優しく穏やかに」を実行すること

では、魂、あるいは霊《ひ》に沿った生き方とは、どういう意味でしょうか。

これもまた、私たちの祖先が使っていた日本語＝大和言葉から読み解くことができます。

前に紹介したように、「霊」と「日」は同じ音（ひ）で、同じ意味を持ちます。日は太陽を表し、光であり、明るいものであり、輝くもの。その日差しはあたたかいものであり、透明なものであり、明らかにするもの。そして、世界中に満ち満ちているものであり、比べようのない一番大切なものであり……。これが私たちの命の中心にある日というエネルギーです。

だからこそ、明るく元気に、あたたかく優しい、生き生きと光あふれる活動をする

ことが大事なのです。

前にも述べましたが、この世に生まれてきた時、人はみな「赤ちゃん」でした。赤ちゃんは、ただそこに存在するだけで、自然に「かわいいね」という言葉が出てきて、愛を呼び起こす何かがあります。

思わず笑顔になり、明るく、優しく、慈愛に満ちた声をかけたくなります。赤ちゃんを前にすると誠実になり、赤ちゃんにウソをつこうなどと思う人はいません。また、守ってあげたいという勇気や、素直な気持ちや、元気がわいてきます。

「元気」は気が元に戻ると書きます。赤ちゃんを見ると、自分の中にあるそのようなエネルギーを感じて、本来の自分に戻るのかもしれません。

赤ちゃんというのは「あるがまま」で、私たちも「あるがまま」に戻るのです。先ほど挙げた、明るさや元気、愛や勇気、優しさや素直さなどを実行することが本来の生き方なのですが、現代では「あるがまま」に生きるのが難しくなっています。

失敗するんじゃないかという恐怖心から素直になれなかったり、周囲の期待に応えられないと自分を責めたり、かくあらねばならぬ自分にがんじがらめになってしまったりと、自然にありのままに生きるという本来の生き方ができなくなってきました。

でも、こうした悩みや苦しみは悪いことではないのです。むしろ、それを感じるからこそ、相手の苦しみや痛みがわかる。相手のために何かしてあげたいという愛を与える行動をする。その行動によって自分も相手も幸せになっていく。

幸せって、たくさんお金があることや食べ物があることだけではなくて、**愛や優しさ、素直さにあふれた行動（霊・魂に沿った生き方＝本来の生き方）を自分ができること自体が喜び**であり、相手がうれしいと感じてくれることがさらに喜びになってくることなのです。

33 植物が光に向かって伸びるように、明るい方向へ伸びていきましょう

一方、私たちの体の中には、「欲」というものがあります。

食べたいという食欲や子孫を残したいという性欲、眠りたいという睡眠欲……、この欲は悪いことのように言われますが、生命の活動に必要なことです。

では、どういう時に私たちは、それを邪《よこしま》というかというと、前述した誠実さや、素直さや、愛がない時、つまり霊《ひ》に背いた時なのです。

たとえば、あなたの持っているものを、私が「すてき、欲しい」という欲に負けて盗んでしまったら、それは「邪」ですよね。

でも、私がその欲しいものを手に入れるために、今よりもっと努力して、働いて買ったとしたら、それは成長と言えます。

つまり、**光の方向に向かうことを成長と言う**のです。

それは、私たちの祖先が自然界の中から見いだしたことです。

植物は太陽の光の方向に伸びます。私たちも自然界の一部ですから、必ず光の方向、明るい方向へ伸びていこうとするものなのです。

また、植物には体を支える根っこがあり、芽より先に暗い方向へ根が伸びていきます。

植物と同じように、私たちの体の中にも芽を出す力と根を出す力を内在しているのではないでしょうか。

悩みや苦しみは植物にたとえれば大切な根であり、生きるエネルギーになります。私たちは上だけを見がちですが、下の悩み、苦しみがあって初めて、上を支えられるのです。

悩みや苦しみが、実は自分を光の方向に向かわせていく反対方向のエネルギーなんだということに気づくことです。

なぜ、自分だけがこんな目に遭うんだ、自分だけがこんなに苦しいんだ……と気づかない間は、ずっとそれに絡め取られてしまうでしょう。

なかには、どれだけ自分が不幸かという話をして、誰かから同情や関心を得ようとする人もいます。でも、相手に優しさを求めるということは、光の方向とは反対方向の大きなエネルギーが自分の中にあることを自覚しているということです。

「愛と憎しみは表裏一体」と言うように、心の中に憎しみや怒りがあふれることもあります。でも、そこから光の方向を目指す元の状態、本来の自分に戻らなければなりません。

心の中を明るく、清らかに、素直に、元気に、愛の心で相手の幸せを願う。それが本来の自分です。

いわゆるネガティブな感情を持つ自分をダメだと思わないでください。悩みも苦しみも邪心も、すべてが生きるうえで大切な栄養になり、大きく下に伸びた根から吸収されたエネルギーは、やがてたまって、ある時期、自分という花が咲くのです。

34

自分の中に「鏡」を持っていますか

鏡はもともと「日（＝太陽）」の形をしたものでした。だから、丸い形をしているのです。

現代のように、人の顔や姿を映すのはずっと後のことで、「太陽の象徴」という役割なのです。

また、日数を数えるときに、「二日」「三日」……「十日」と書いて「ふつか」「みっか」……「とおか」と読みますね。「日」を「か」と読み、「日日」と書いて「かが」と読みます。大和言葉で読み解くと、「かがみ」は「かが身」、太陽の体です。

では、なぜ多くの神社に鏡が祀《まつ》られているのでしょうか。諸説ありますが、私は本来の自分に戻す象徴として置かれているのではないかと思います。

繰り返しお伝えしたように、本来の自分は「ひ（霊・日）」です。ところが、太陽がいつも照ってばかりではなく雲がかかるように、私たちの心もくもるときがあります。悲しいことや苦しいことが起こって楽しい人は誰もいません。

でも、そんな時、**祀られた鏡を通して自分を見つめ、「太陽のように、明るく元気に笑顔で生きていこう」「本来の自分に戻るんだ」という気持ちでお参りをする。そんな役割も鏡は担っていた**のではないでしょうか。

たとえば、大切な人がこの世からいなくなれば、誰でも大変な悲しみをおぼえます。でも、その悲しいという感情は悪いことではなくて、十分味わえばいいのです。そうすれば、誰かが同じ状況になったときに、「本当に大変だね。分かるよ」と心から思えます。

ただ、その人がいつまでも悲しみの中に沈んでいても、亡くなった人は喜ばないでしょう。きっと「あなたらしく生きてね」と思ってくれるに違いありません。この「あなたらしく生きる」ことが本来の自分に戻ることなのです。

35

『古事記』に学ぶ、日本人の心の原点

これまで私がお伝えしたことは特別な宗教ではありません。すべて私たち日本人の祖先に古来受け継がれてきた考え方で、大和の心を伝える『古事記』に学んだことです。なぜ、エステティシャンの私が古事記を学んでいるのか、ここで少し説明させてください。

私は現在、全国三十数か所で『古事記』の勉強会を開催しています。

それは、日本人の高い精神性が失われつつあると言われる今、１３００年前に書かれた古事記から日本人本来の精神的基盤を読み解くことができ、今、私たちはどう生きるか、その答えがあると確信したからです。

前にもふれたように、肌と脳は同じルーツ（脳皮同根）でつながっています。ですから、**肌の輝きは心の輝き、人生の輝き、命の輝きにつながります。**

古事記といえば天照大神。太陽の神が最高神なのは世界中の神話で見られますが、実は、女性が最高神なのは日本しかありません。

女性というのは、慈愛に満ちた優しさの象徴であり、子を産み育てることから繁栄や豊穣の象徴ですね。

私たち日本人が朝日を見ると、なぜか拝んでしまうのは、私たちが本来持っている「日のエネルギー」が呼び起こされるからかもしれません。

日のエネルギーとは、明るさと清らかさ。誰に対しても、明るい笑顔で優しく接し、清らかで謙虚であり、「ありがたい」という思いで前向きに取り組む。何でもない毎日を、丁寧に大切に暮らす……。

そうです。教科書で教えたり、誰かが声高《こわだか》に叫ぶようなことではなく、あなたが目の前の人に日々の習慣として簡単に実践できることばかりです。今まで本書で述べてきたような、ちょっとした習慣です。

前にも述べましたが、愛と憎しみは表裏一体の同じエネルギーであり、大好きだからこそ大嫌いになります。同じエネルギーをどちらの方向に変えていくかを判断基準と言います。常に光の方向、つまり明るいほうに、清らかなほうに変換する。ひどい目にあわされても、それを「恨み」ではなく、愛に変換できるのが私たち日本人の本来の生き方なのです。

36

「辛抱」が「心棒」をつくります

心と魂が違うことは前にも少しふれましたが、**「たま」は人の本質、これまで繰り返し述べてきた霊《ひ》のこと。「しい」は心のこと、「悲しい」「嬉しい」「苦しい」……このように「しい」がつくのが心です。**心はちょっとしたことで揺れ動きます。

この**心《しい》が霊《たま》に近づいていくことが「たましい」です。日常を明るく元気に清らかに生きていくことによって魂は磨かれ、光り輝いてきます。**

反対に、「たま」と「しい」が離れてしまって、気が枯れてしまった状態が「穢れ（気枯れ）」と言います。穢れ、汚れを洗い流すために、私たちは禊をし、心身を清らかにするという文化があります。

一日生きていると、汚れはついてくるものです。不満の心、怒りの心……私がおすすめしている「洗顔」とは、そうした汚れを毎日洗い流し、本来の自分に戻し、リセットする行為を指します。

「まごころ（真心）」という言葉は、「まこと（誠）」と同じ意味です。漢字に「心」がついているので、一見すると「しい」に思えますが、誠は動かないので「たま」、つまり魂のことなのです。

「しんぼう（辛抱）」は「心棒」、辛抱は心棒をつくります。心は折れやすいもので、すぐ「もうダメだ」とあきらめてしまったり、絶望したりしがちですが、**辛抱することで折れない心をつくるのです**。

私は19歳の時に鼻の手術をしたのですが、緊急を要していたために、なんと麻酔なしで鼻を切開するという事態になりました。これだけでも十分痛かったのに、そこに脱脂綿を鉗子《かんし》で詰めて放置し、1か月後にその脱脂綿を肉から引き剥がしたのです。どれだけ痛かったか、想像できると思います。

おかげで、お産のときは、長時間に及ぶ大変な難産だったにもかかわらず辛抱できました。天井が見えなくなるぐらい痛いと言われ、いつになったらそれが来るのかなあ、とずっと待っていたのですが、「(あの手術の痛さに比べれば)まだ大丈夫、まだ大丈夫」と言える自分がいたのです。

これは肉体の痛みの例ですが、心の痛みも同じです。手痛い経験をしても、辛抱することによって徐々に心が鍛えられて、それから続く人生で、「あの時に比べたら、まだ大丈夫」と思えるようになります。辛抱が「心棒」をつくり、逆境に負けない力が生まれるのです。

37

その魂の輝きが明るい人生へ導いてくれます

先ほど痛みや苦しみを辛抱することは、つらいマイナスのエネルギーではなく、人生でプラスに転換する大切な体験だというお話をしました。

この「辛抱する」ことを、大和言葉で「こらえる」と言います。

「こらえる」は漢字では「堪える」と書きますが、日本にしかない感情を表すため、「怺える」という国字がつくられました。

実は、「怺える」には、我慢するだけではなく、「ゆるし」の要素が入っているのです。

痛みや苦しみをただ我慢していると、不満や怒りを溜め、いつか爆発します。でも、先ほど述べた「あの経験に比べれば、大したことがない」という怺え方ができると、もうそこには怒りも不満もありません。ゆるしているのです。

たとえば、敬愛している人から「こらえてくれ」と頼まれれば「ハイ」しか答えようがないでしょう。理不尽をあえて飲み込み、良いほうへ導く強い心が「怺える」です。この時、耐えているのではなく、我慢を強いている相手をゆるすことも含んでいます。ゆるしがたいことをゆるし、破滅し合わないことを意味しています。

植物の根を養っている時です。自分を光に向かわせる揺るぎない心棒を養っている時です。

自分の正しさを主張し、理論や理屈で言い負かすのが勝ちの人々には理解しがたい言葉なのです。これが私たちのものの考え方であり、日本人らしさなのです。

実践者の体験手記④

顔を洗うことで心も洗い、自分の内面が少しずつ整ってきました

初めて今野先生の講演会に伺い、先生からお声をかけていただいた瞬間、私は号泣しました。ああ、先生はすべてわかってくださっている、と。

その3年前、実家が火事で全焼し父が亡くなり、焼け出された母との同居が始まり、苦しい思いを抱えながら、その講演会に私は母と参加しました。

私が育った家は、いわゆる機能不全の家庭でした。酒を飲み、家族に手を出し暴言を吐く父と、はむかうなと我々子ども達に我慢を強いる母。父にも母にも理不尽を感じながらも、当時の私は、外向きには優等生で通っており、家にも学校にも安心して本心を出せる場所はなかったのです。

その後、結婚し、やっと自分の居場所となった我が家で、再び母と同居、また私はいい娘を演じ、母への不満を出せぬまま身も心もすり減っていたところに、「あなたの言葉、あなたの行いが、神の愛の表れ」というメッセージをいただき、救われたように感じたのです。

それからは、近くで洗顔洗心塾があると、先生に会いたくて駆け付けました。先生は

覚えていてくださり声をかけていただきました。そして心と魂のことを学んでいきました。

日常を生きていると、目の前の状況で人はころころと感情が変わるもの。だから心と言う。うれしい、悲しいという「しい」という感情は湧いてくるもの。でもその奥に誰もが魂「たま」という真我があること。両方そろって「たま」「しい」と呼ばれていること。私の中でわき起こる負の感情、それが私という本質ではなかったということを知って、安堵《あんど》したのです。

実はずっと自分を責め続けていたのです。今までどれだけ自分の心と体をないがしろにしてきたか。そこから自分の心や体の声を注意深く聞いてあげるようになりました。

日々わき上がる感情や思いを、自分に丁寧にねぎらうことで、一つずつおしまいにしていけること。朝晩、顔を丁寧に洗うことで、自分の心も洗えるのだということが分かり、少しずつ自分の内側を整えていきました。

そんなある日、ふと浮かんだのは父の撮った一枚の家族写真。母に甘える私とカメラ目線で笑う母の向こうに、写真には写っていなかった、カメラを構える父の笑顔がはっきりと浮かんだのです。全焼したはずの実家で、父が撮っていた膨大な数の家族写真は焼け残っていました。

父がどんな思いで撮ってくれていたのか当時は知る由もなく、兄弟で処分をし、母が数枚残してくれたファイルがあったのを思い出し、あわてて家に戻りました。すると、一枚手に取るごとに「愛してるよ」「愛してるよ」と写真が囁《ささや》くのです。私はその場で泣き崩れました。父が亡くなって4年目の冬。ようやく父の本当の思いに気づいたのです。

その後、今野先生の古事記塾に参加し、古《いにしえ》の人々が伝え続けてくれた深い思いにふれるようになりました。

「きれいになったあなたはどう生きるの?」

先生は何度も私の深い部分に問いかけてくださいます。

洗顔洗心塾で自分を整えることを学び、先生が伝えてくれる古事記に登場する神々も、実は心と魂の部分で苦悩し、学び、やがて日本という国の礎《いしずえ》を築いてくださったこと。人生の判断基準に迷ったら源に戻れ、古事記がそう伝えてくれているのを感じます。

何より、私たちは元始から今日まで、脈々と愛を受け継いで生まれ、育まれてきたことに、数えきれないほどの尊い思いを感じています。

そして今、私は父が伝えてくれた写心を使い、次の人に愛を手渡しています。人はみな素晴らしく、いのちは輝いています。

（大河内悦子さん）

実践者の体験手記 5

「人生の転機は？」と聞かれたら迷わず答える今野華都子先生との出逢い

今野先生と出逢った当初、私は躁鬱《そううつ》病のような状態でした。

学生生活を終え、自給自足的な暮らしをしたいと山里に移り住み、家族をはじめ友人、村の人……と、たくさんの方に助けてもらいながら田畑のある暮らしを始めました。

ところが、夢を叶えたはずなのに、「嬉しい！　楽しい！　幸せ！」の日々……とはいきませんでした。

「こんなにも恵まれているのになぜ〝嬉しい・楽しい・幸せ〟で生きられないんだろう。苦しくなってくるんだろう」と悩む日々……。

自分を受け入れてくれている家族に対して不満に思うことがあると、「何でそんなふうに思ってしまうのか」「なぜ感謝だけを思えないのか」と自分が嫌になり、そんな思いが募ってくると、だんだん体が動かなくなり、食欲がなくなり、人目が怖くなって、頭の中は不安の渦がぐるぐる……ついには布団の中から出られなくなってしまいます。

とことん布団の中にこもると、「こんなことをしていても仕方がない。外に出てみよう」と思える時期がやってきます。外に出ると太陽の光を浴び、美味しいごはんが食べられて、笑顔で迎えてくれる人たちがいる、「なんて幸せなんだろう!」と、すべてのものがキラキラして見えます。

こんな躁と鬱を繰り返し、「自分はどう生きていったらいいのだろう」。そんなことばかり考えていた時に今野先生との出逢いがありました。

「人は何でできているか知っていますか?」と問われ、「え～と、肉体と魂だと思います」と答えた私に、今野先生は「人は〝肉体〟〝心〟〝魂〟の三つでできているのですよ」と教えてくださいました。

そして、「〝心〟と〝魂〟の違いは分かりますか?」という今野先生の問いに、私は「心と魂って一緒じゃないの?」と頭の中は「?」でいっぱいになりました。

〝心〟はコロコロ変わるもの、〝魂〟は〝普遍的なもの・変わらないもの。

嬉しい・楽しい・幸せも〝心〟、悲しい・寂しい・苦しいも〝心〟。

〝心〟はコロコロ変わるものですから、人はいろんな感情を味わうようになっている――この今野先生のお話に、「そうだったのか!!」という衝撃と共に一筋の光がストトーンッ! と体の中に通った感覚は今でも覚えています。

心と魂が何なのか分からず、一緒のものだと思っていた私は〝魂〟が見えず〝心〟に支配されていたのです。

魂とは何なのかを教えてもらった私は、今まで、いけない・よくないと思っていた感情も受け入れることができるようになりました。

そして、「楽しく幸せに暮らすためには、どこで、どんな暮らしをし、どんな仕事をしたらいいのか」ではなく、「〝嬉しい・楽しい・幸せ〟も〝悲しい・寂しい・苦しい〟もいろんな感情を味わいながら〝魂〟のところで考えて、行動して、生きていったらいいんだ！」ということが分かりました。

そして、〝悲しい・寂しい・苦しい〟等の感情を味わうことになった時も自分の中に変わらない〝幸せ〟がいつもあり、大きな声で「自分が大好き！」と言えるようになったことは驚くべき変化でした。

今、私は自給自足的な暮らしをしたいと移り住んだ山里に戻り、安心感と幸せ感に包まれ、人生をさらに楽しいものにしてくれる最愛の旦那様にめぐり逢い、そこで暮らしています。

「私、気持ちが周期的に落ちたり上がったりするんです。自分でどうしたらいいか分からなくて悩んでいます。どうしたらいいのでしょうか？」と、今野先生に初めてご相談した時に、

「三つ子でも産んでみなさい！　そんな暇なくなるから」

と言われたことを、もうすぐ一歳になるパワーあふれる愛らしい息子を前に、「ほんまやわ〜、悩んでる暇なんてない。あの時は相当自分かまいをさせてもらっていたんやなぁ」

と笑ってしまいます。

「なぜ生まれてきたのか」「どう生きていったらいいのか」……長い間悩み、外に答えを求めていた私でしたが、〃魂〃という誰もが持っていて自分の中に変わらずあり続けているものの存在、そして、それがどういうものなのかを教えていただいた今、悩んでいた時と同じ場所で、同じような暮らしを幸せに包まれながら送っています。

そして、もし住む場所や暮らし方が変わったとしても、今感じている私の中にある〃幸せ〃は変わらないのだろう。そう思っています。


（吉井夏子さん）

付録

今野華都子式　洗顔方法

ゆっくり、優しく、こすらないように、
息を吐きながら洗うのがコツ

準備

①
お湯の温度は
32度前後。

②
お顔をよく
ぬらします。

③
手をよく洗います。
（手の汚れや油分を
落とします）

1

洗顔剤を
しっかりと泡立て、
お顔全体に泡をのせます。

2

おでこ↓頬↓頬側面↓鼻↓口まわり↓
顋下↓まゆ毛↓アイホール↓目の下
の順に洗っていきます。
ゆっくり、優しく、こすらないように、息を吐きながら……

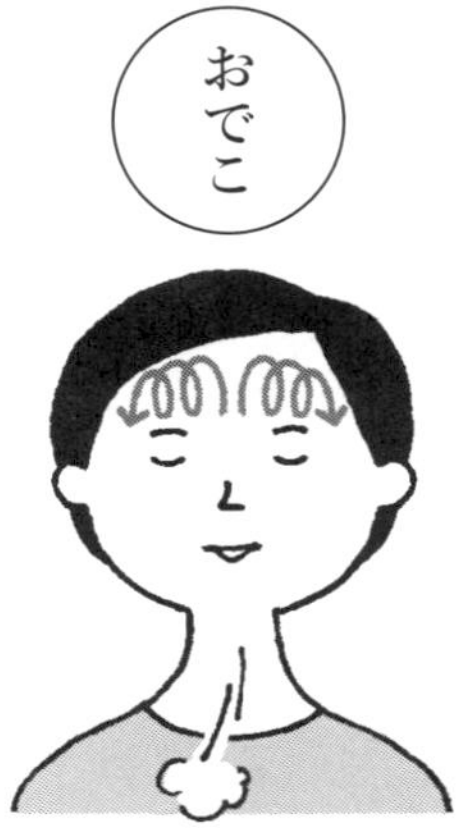

らせんを描いて、こめかみへ

鼻の横から円を描くように

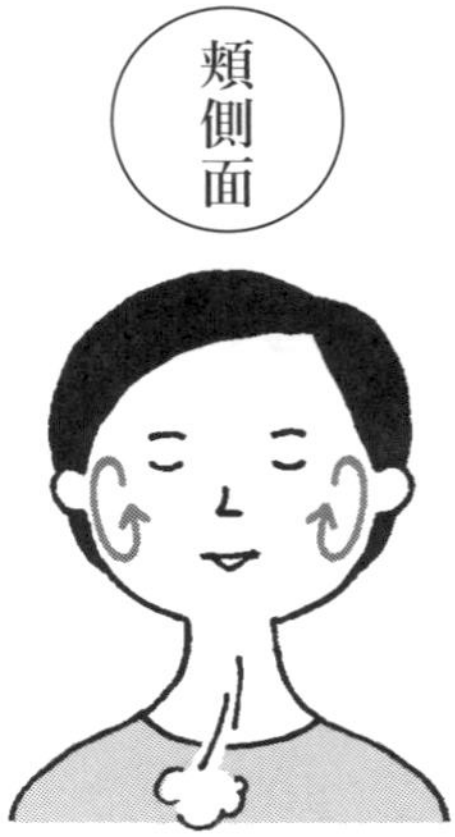

こめかみから耳の側面を下へ降りてから、円を描いてこめかみへ

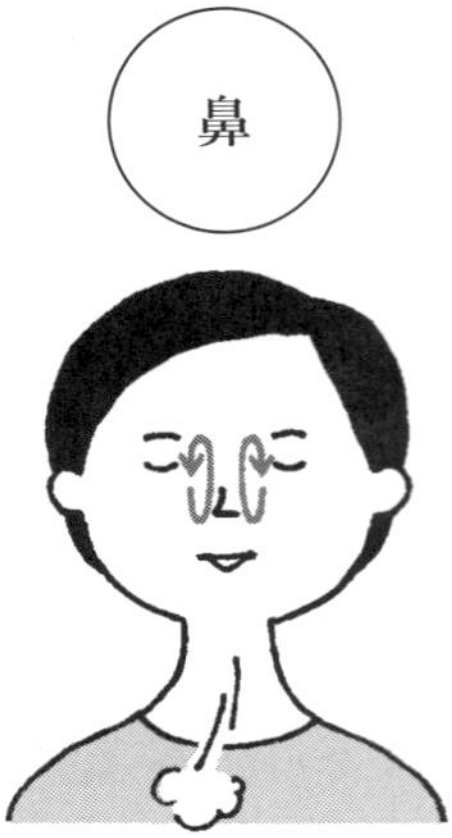

目の下のくぼみから円を描くように鼻の稜線を上がります

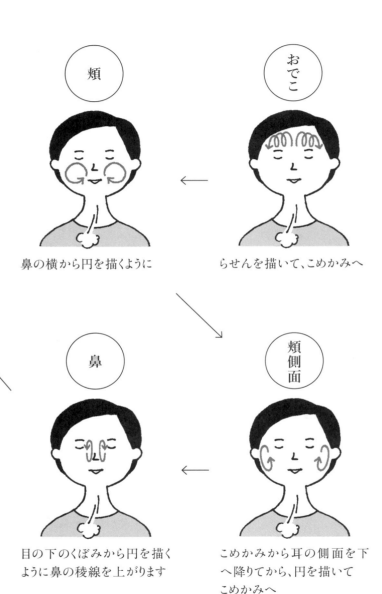

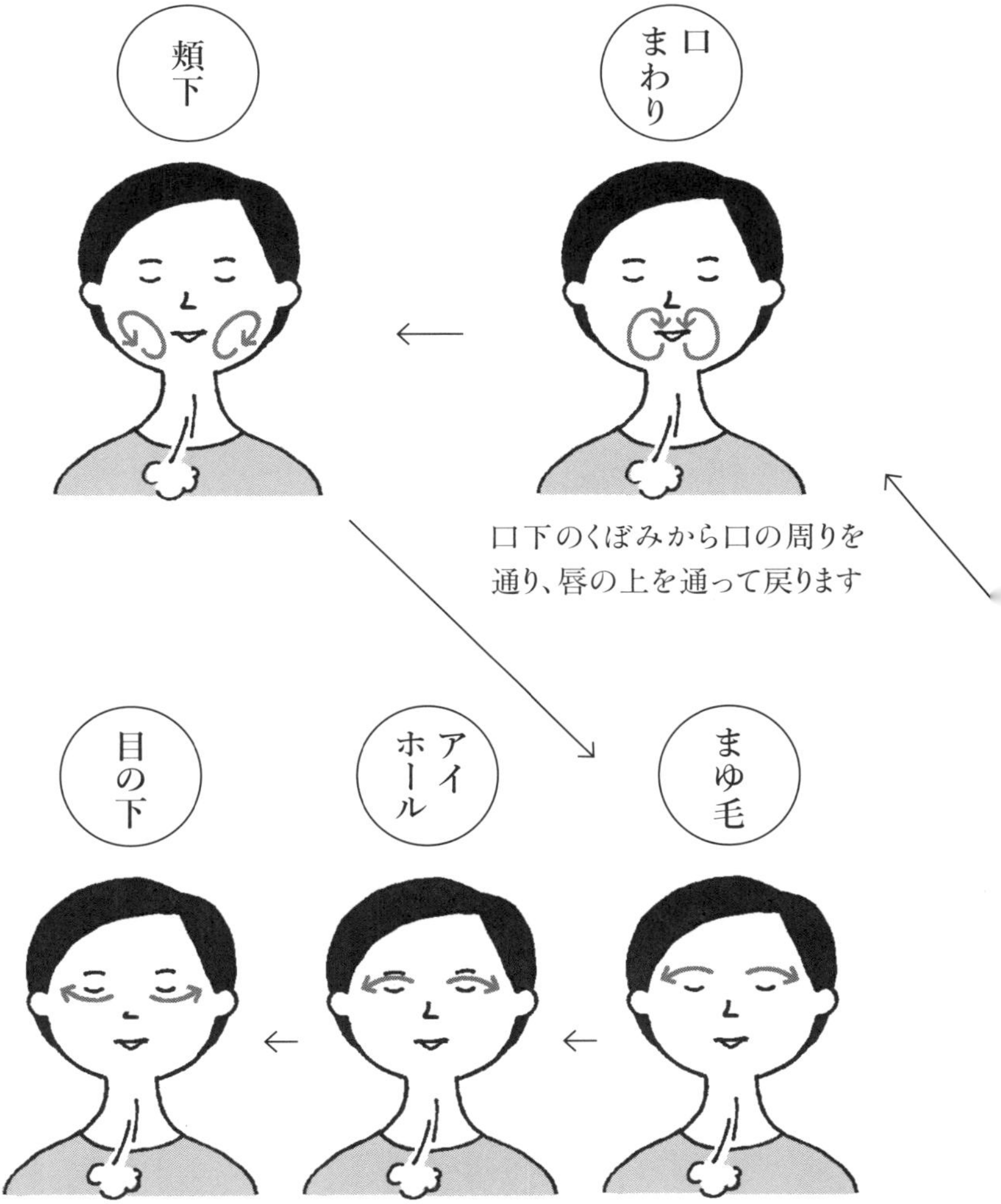

目の線ギリギリを
通ってこめかみへ

くぼみに沿って
こめかみへ

まゆ毛の頭から
こめかみへ

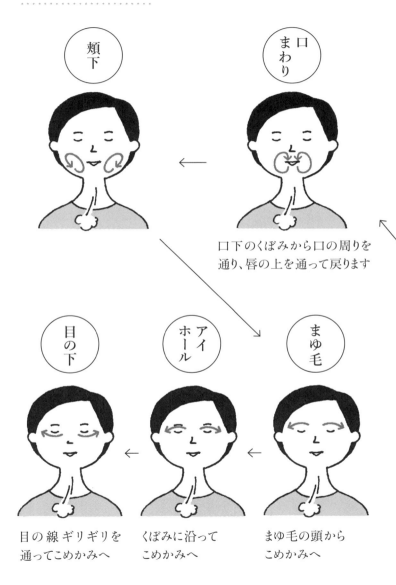

最低10回
かけ洗いします。

2回目は1、2を繰り返します。

3

片手で顔の中心を
くるくる洗い
下がってきます。

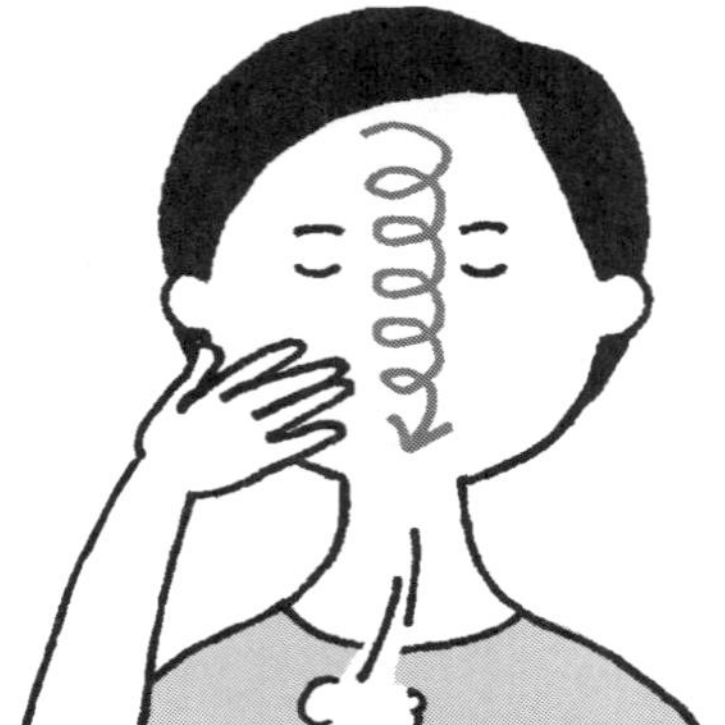

4

両手で
全部の泡を
ゆっくりまわして
洗います。

5

最低20回、
かけ洗いします。

6

最後に冷水で5回、
お顔を引き締めて
終わりです。

おわりに

私は10～12歳の頃は病弱で、体力もなくどう生きたらいいのかを模索していました。

あらゆるジャンルの本を読み漁《あさ》って、おぼろげながら分かったことは、命とは体と心と魂でできているということ。

身体は毎日細胞が更新され、新しくなり寿命を持つもの。心とは身体に属する電気のようなもの。

身体の中にある「心と魂」は「変化するものと不変のもの」「魂とは自分の中の確固たる核となるもので、後で学んだ知識ではないもの。この世に生まれた時から死ぬまで持っているもの」でした。

「ひと」は魂の容《い》れ物である。

赤ちゃんはこの世に生まれたから、見る人に愛を感じさせる存在である。見ただけでかわいいと感じるとは、一体どうしてなのだろうか？

「魂とは光」とすると、すべての説明がついた。

赤ちゃんから発されるものは、生まれたての魂の光なのだ。大和言葉は同じ音は同じ意味を持つ。

光は明るい、光の魂《たま》はあかちゃん、身体の外にある時は霊《ひ》、日《ひ》、光《ひ》と表される。すべて同じ意味を持つ。

光は明るく輝く、明るく照らす、明るく光る、光は清らかさ、光は温かい、光は温かい、光が持つ効果は、心は優しさ、真っすぐな強さ、誠実さ、元気、素直さを身体から目から、額から、すべてから発しているから「ひと」である。

魂は人が人として存在するのに誰もが持っている一番大切なものと感じているものである。これは西洋風に言うなら「愛」という言葉に置き換えられる。

それは心遣いや知識から発されているもではなく、はじめからあるがままの存在そのものが発しているのだ。これが人にははじめからある「魂」の表れなのだ。

私たちの魂は光で、愛そのものなのだ。

身体はその道具なのだ。

私たちが生まれた時から持っていている魂の発露なのだ、と。その頃になんとなく理解した。

人が生きていくのに重要なことは、「魂、真心（動かぬ心）、愛」のままに生きることで身体はその道具なのだ。

これが子どもの頃に感じていた「魂」の観念です。

その後、『新釈古事記伝』を習い、その思いを一層強くしました。

私たちの祖先が幾多の失敗、争いの結果、学んだことは和すること、ゆるしあい、認めあい、禊して水に流し、何度も生かし合うこと。

争いを好まず「見ている、見ていない」にかかわらず、誠実であること。

優柔不断と言われるくらい相手に思いやりがありながら、いざという時の勇気と潔さも兼ね備えていること。

それを忘れないように、外界のいろいろな刺激によって生ずる視覚，聴覚，味覚，嗅覚，触覚の五感の集まる顔を丁寧に洗い、心をクリアにして何度でも魂のままに存在する自分に生まれ変わるのです。

人は
誰かに愛されたい
誰かに認められたい

空に手を伸ばし続けて求め続けているものは
他の人から受け取っていないと思うものは

自分が他の人に与えていないもの
と気づく時がある

自分の命を丸ごと自分で慈しむ
清らかな光の自分に戻してあげる

光の自分に戻ることとは
赤ちゃんのように、存在しているだけで
周りを穏やかにする愛の光の存在

そこにあるのは、自分のあるがままの姿
自分を愛おしみ優しく育てる
五感が集まる顔を優しくきれいにする習慣が
あなたを光に戻す

令和元年5月1日
新しい時代が始まる記念すべき日に

今野華都子

著者紹介

今野華都子　1953年、宮城県生まれ。一主婦から、45歳の時にエステの道に飛び込み、第1回LPGインターナショナルコンテストL6（フェイシャル部門）において世界110か国の中で最優秀グランプリを受賞。「世界一のエステティシャン」の称号を得る。エステサロンの経営やリゾートホテルの社長業の傍ら、ライフワークとして日本、アメリカ、台湾で「洗顔洗心塾」を開催。洗顔を通して自分自身と向き合うことで、本来の自分（魂）の輝きに出会えると好評。20年間で21万人が受講する人気講座となっている。著書にベストセラー『顔を洗うこと心を洗うこと』（サンマーク出版）、『はじめて読む人の「古事記」』（致知出版社）などがある。

今野華都子公式サイト
https://www.konno-katsuko.com/

肌《はだ》にふれることは本当《ほんとう》の自分《じぶん》に気《き》づくこと

2019年6月1日　第1刷

著　者　今野華都子《こんのかつこ》
発行者　小澤源太郎

責任編集　株式会社 プライム涌光
電話　編集部　03(3203)2850

発行所　株式会社 青春出版社
東京都新宿区若松町12番1号 〒162-0056
振替番号　00190-7-98602
電話　営業部　03(3207)1916

印　刷　中央精版印刷　製　本　大口製本

万一、落丁、乱丁がありました節は、お取りかえします。

ISBN978-4-413-23124-4 C0030